KB060936

수학의
역사

INFINITE ASCENT

수학의
역사

데이비드 벌린스키 지음
김하락 · 류주환 옮김

을유문화사

수학의 역사

발행일
2007년 5월 25일 초판 1쇄
2012년 9월 20일 초판 2쇄
2014년 4월 20일 신판 1쇄
2020년 10월 5일 신판 4쇄

지은이 | 데이비드 벌린스키
옮긴이 | 김하락·류주환
펴낸이 | 정무영
펴낸곳 | (주)을유문화사

창립일 | 1945년 12월 1일
주 소 | 서울시 마포구 서교동 469-48
전 화 | 02-733-8153
팩 스 | 02-732-9154
홈페이지 | www.eulyoo.co.kr
ISBN 978-89-324-7232-4 03900

차례

이 책의 페이지 수는 무한 이상도 아니고, 무한 이하도 아니다.

첫 페이지도 없고, 끝 페이지도 없다.

– 호르헤 루이스 보르헤스 Jorge Luis Borges, 『모래의 책 *The Book of Sand*』

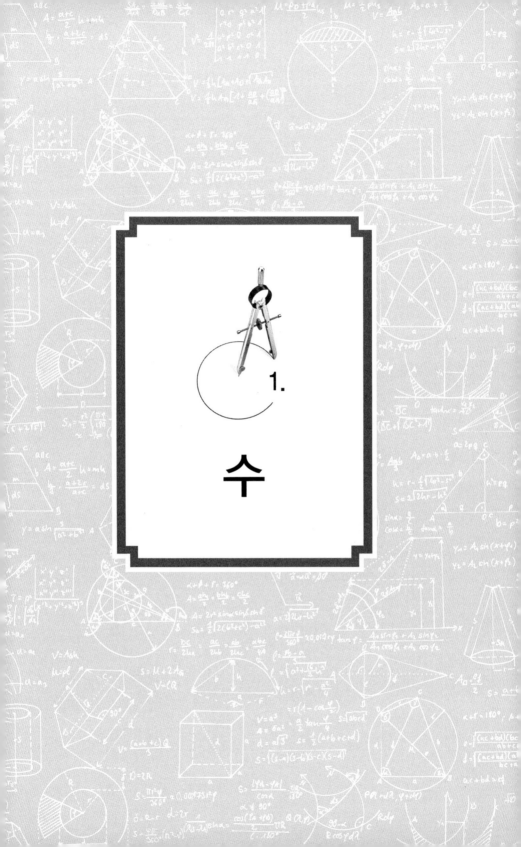

1.

수

수학의 역사는 그리스 수학자 피타고라스Pythagoras가 태어난 기원전 6세기경에 시작된다. 피타고라스는 폴리크라테스Polycrates의 폭정을 피해 사모스 섬을 떠나 이집트로 갔다. 감수성이 예민한 다른 많은 그리스 젊은이와 마찬가지로 피타고라스도 '이집트인에게서 산학과 측량술을 배웠고, 이집트 신관들의 지혜에 혀를 내둘렀다'. 그 뒤 피타고라스는 이탈리아 남부에 정착하여 제자를 양성했다. 제자는 금방 몰려들었다. 동시대인들이 피타고라스를 존경했다는 것 외에 그의 일생은 알려진 것이 별로 없다. 피타고라스는 저서를 남기지 않았다. 그의 사상은 다른 사람의 글 속에 단편적으로만 전해진다. 피타고라스학파가 수학 실력으로 입회 여부를 결정했음은 분명하다. 회원들은 비밀을 지켜야 했고, 콩을 먹어서는 안 되었다. 신입 회원은 몇 년 동안 침묵하며(오늘날도 많은 교사들이 이 방침을 높이 평가한다) 명상과 사색을 해야 했다. 피타고라스학파 회원 가운데는 세상을 명멸하는 그림자와 조야한 형상으로 가득 찬 동굴이라고 생각하는 사람도 있었다. 이제부터 이런 세상에 빛을 던진 그들의 빼어난 수학적 직관을 살펴본다.

다른 분야도 그렇지만 수학도 그리스인이 터를 닦았음은 20세기 중엽까지 당연한 사실로 여겨졌다. 몇 년 동안 지긋지긋한 그리스어 문법을 공부하다가 토가toga를 걸친 그리스인들과 정이 든 고전학자들은 "그리스인은 다른 대학의 동료이다"라고 할 만했다. 지난 세기에 대학자들이 쐐기문자를 연구하여 불가해한 '과거'에 묻혔던 고대 제국의 생활상을 재현한 결과 근동의 역사가 많이 밝혀졌다. 이들 학자들은 까마득한 옛날에도 사람들이 수학을 활용했고 좋아했다는 놀랄 만한 증거를 발견했다. 신석기 시대의 도끼를 보면 아득한 옛날에도 수학을 사용했고 고린내 나는 짐승 가죽을 걸친 털북숭이 동굴인들이 들소 기름이 뚝뚝 떨어지는 불 옆에서 도끼 자루에 숫자를 새겼음을 알 수 있다. 그럴 법도 하다. 언어와 마찬가지로 수학도 필요에서 생겼다.

까마득한 옛날이야기는 그만하기로 하자. 기원전 6세기 무렵 그리스인들은 문화의 모든 영역을 개척하기 시작했다. 그리스인들은 여러 분야에 관심이 있었고, 어느 정도 성과를 거두었다. 그러나 바빌로니아인들 역시이미 꽤나 정교한 수학 지식이 있었다. 관찰력이 뛰어난 천문학자였던 바빌로니아인은 많은 천체 현상을 정확한 수학 지식으로 풀어냈다. 바빌로니아인은 매우 똑똑했다. 바빌로니아의 어떤 서기는 "무게를 알 수 없는 돌이 하나 있다고 치자. 돌 무게에 6을 곱하고 2진gin*을 더하여 첫 번째 수를 얻은 다음 이 수에 24/21를 곱하여 두 번째 수를 얻어 두 수를 더했더니

---

* 무게의 단위(이하 모든 각주는 역자의 주석임 — 편집자 주).

1마나ma-na**가 나왔다"라고 한 다음 제자들에게 "그렇다면 돌 무게는 얼마지?"라고 물었다. 이 문제를 들여다보던 수학자들은 바빌로니아인이 내놓은 문제에서 너무나 친근한 얼굴, 바로 자신의 얼굴을 보았다.

휴게실에서 셰리주를 홀짝이던 그리스 학자들의 생각은 옳았다. 그리스인들은 문화의 새벽을 열었다.

자연수 1, 2, 3, ⋯ 은 1에서 시작하여 무한히 나아간다. 수학자들이 즐겨 쓰는 이 멋진 점(⋯)은 무한히 계속됨을 나타낸다. 가장 큰 자연수를 정하려 할 때 주어진 수에 1을 더하면 그보다 큰 수가 생김은 누구나 알고 있다. 수는 무한할 뿐만 아니라 성질도 매우 다양하다. 인도의 수학 신동 스리니바사 라마누잔Srinivasa Ramanujan이 런던의 병원에서 죽을 날만 기다리고 있을 때(영국의 추운 겨울 날씨가 그의 폐를 갉아먹으면서 죽음을 재촉했다) 수학자인 친구 하디G. H. Hardy가 찾아왔다. 말이 궁해진 하디는 자신이 타고 온 택시 이야기를 꺼냈다. 공교롭게도 택시 번호가 1729였다.

"그다지 재미있는 수는 아니야." 하디가 말했다.

"그렇지도 않아." 라마누잔이 바로 대답했다. "두 수를 세제곱한 합이 다른 두 수를 세제곱한 합과 같아지는 최소수지."

말하자면 $1729 = 1^3 + 12^3 = 9^3 + 10^3$이다. 1729보다 작은 수 가운데 이런 성질이 있는 수는 없다. 이 이야기는 곧 유명해졌다. 보통 사람들은 이것이 무슨 뜻인지 잘 모르지만, 수학자라면 누구나 알고 있다.

** 무게의 단위. 1마나는 60진.

피타고라스학파 사람들은 라마누잔처럼 자연수의 무궁무진한 변화의 묘미에 사로잡혔다. 또한 그들은 1, 3, 6, 10에 매혹되었다. 점으로 이루어진 삼각형 모양으로 이들 수를 나타낼 수 있기 때문이었다. 피타고라스학파 사람들은 2, 3, 5, 7, 11같이 자신과 1만으로 나누어지는 수, 즉 '소수'의 중요성을 알고 있었다. 그들이 평범한 수 가운데 보석처럼 끼어 있는 소수를 중시한 것은 당연했다. 또한 피타고라스학파 사람들은 6, 28, 496 같은 수가 자기 약수들의 합과 같음도 발견했다. 피타고라스학파 사람들은 동굴에서 살았다(나는 전설 같은 이야기라고 본다). 피타고라스학파 사람들은 동굴에 웅크리고 앉아 무릎에 매끄러운 자갈을 잔뜩 올려놓고 삼각수뿐만 아니라 제곱수도 있음을 발견했다. 또한 두 수가 있을 때 어떤 수가 다른 수의 약수의 합이 되는 때와 3과 6같이 연속된 두 삼각수의 합이 제곱수와 같은 경우처럼 두 수 사이가 좋은 것도 발견했고, 일련의 숫자와 특수한 관계에 있는 숫자들도 발견했다. 피타고라스학파 사람들은 동물 기름이 뚝뚝 떨어지는 등불 옆에서, 진지하기는 하나 엄숙하지는 않은 얼굴로, 자연수를 체스의 말처럼 가지고 놀았다. 피타고라스학파 사람들은 끝없는 호기심으로 지적 만족을 추구했고, 이익에 따라 움직이는 고대 근동의 서기나 회계원과는 완전히 달랐다.

피타고라스학파 사람들은 파라오의 거대한 피라미드나 자신들을 노려보는 스핑크스를 보고 어떤 생각을 했을까? 확실한 것은 피타고라스학파 사람들은 수학자였다는 사실이다.

미신 같은 이야기라고? 물론 피타고라스학파 사람들은 미신에 사로잡혀 있었다. 그러나 피타고라스와 그의 추종자들은 미신 중에서도 고등 미신에 사로잡혀 있었다. 이것이야말로 피타고라스학파의 특징이다. 정맥을 다친 손으로 흐린 하늘에 원을 그리던 피타고라스는 수, 수의 신비로운 조화, 수의 절묘한 균형을 믿게 되었다. 피타고라스는 "수는 제1원리이다. 말로 나타내기도 어렵고 이해하기도 쉽지 않지만, 수 자체에 모든 것이 포함되어 있다"라고 했다. 피타고라스학파 사람들은 1을 모나드monad라고 했고, 따분한 일이기는 하지만 무한히 반복하기만 하면 '모든' 수를 모나드에서 만들어 낼 수 있다고까지 생각한 듯하다. "수의 제1원리는 본질적으로 모나드이다. 1은 다른 모든 수를 낳는 아버지 수이다." 피타고라스학파 사람들은 2, 3, 4를 모나드에서 끄집어낼 수 있다고 생각했다. 2는 여자 수이고, 3(세 꼭지점을 이은 삼각형을 밑변이 위로 가게 하면 떡 벌어진 어깨가 남자의 급소를 향해 내려오고 있는 것 같은 모습이다)은 남자 수이다. 4는 찬양받는 수이다. 그렇지만 나는 1, 2, 3, 4의 합이 10이라는 것 외에 4가 찬양받는 이유를 모르겠다. 11이 10과 1의 합이기 때문에 수는 10에서 다시 1로 되돌아간다. 피타고라스학파 사람들은 성스러운 서약을 할 때 10을 사용했다. 밤에 올빼미 우는 곳에서 거행된 서약식은 유전하는 자연의 근원인 테트락티스tetraktys*를 영혼에 전해 준 피타고라스에게 바쳐졌다.

반 미친 것 같기도 하고 자기도취에 빠진 것 같기도 한 피타고라스학파 사람들의 생각을 살펴보면 황홀한 창조적 기쁨의 원천이자 수학의 기원인 무의식 깊은 곳(자연수가 최초에 보였던 그대로 보이는)을 들여다볼 수 있으

---

* 점 열 개로 이루어진 도형.

라파엘이 그린 「아테네 학당」에서 피타고라스가 등장하는 부분.

리라고 생각한다. 피타고라스학파 사람들은 "수는 만물의 근원이다"라고 했다. 머지않아 피타고라스학파 사람들은 뿔뿔이 흩어지고 그들의 유희 감각도 사라졌지만, 수가 만물의 근원이라는 생각은 여전히 지적 감흥을 불러일으켰다. '수라니?' 만물의 '근원'이라니? '만물'이라니? 그리스인들은 이런 신비로운 말을 듣고 그 뜻을 이해하려고 애썼다. 이 그리스인의 불후의 업적은 세월의 엄밀한 검증을 거쳐 자신만만한 수학자의 자의식에 다시 받아들여졌다. 자연이라는 책은 수학이라는 언어로 쓰였다고 하면서 위대한 과학 혁명을 일으킨 갈릴레오는 피타고라스학파의 사상을 다시 일깨웠다.

피타고라스학파 사람들은 수가 만물의 근원이라고 하면서도 그 뜻을 제대로 설명하지는 못했다. 초기 피타고라스학파 사람들은 글자 그대로 '수의 구성 요소가 만물의 구성 요소이기' 때문에 수가 만물의 근원이라고 생각했다. 아리스토텔레스는 "피타고라스학파 사람들은 천체도 모두 수로써 파악했다"라고 했다. 그러나 이 견해는 더는 받아들여질 수 없었다. 아리스토텔레스는 천체는 움직이는데 수는 움직이지 않음을 이유로 "천체가 수로 이루어진다는 것은 불가능하다"라고 퉁명스럽게 말했다. 이윽고 피타고라스학파의 지적 풍토가 변하여 피타고라스학파 사람들은 감각계와 이성계를 관념적으로 구별했다. 피타고라스학파 사람들은 자신들의 교의를 곧이곧대로 믿지는 않게 되었다. 수와 감각계는 별개였다. 그러나 수가 만물의 근원이라는 사실은 변함이 없었다. 피타고라스학파 사람들은 수의 조화가 사물의 조화를 대변한다는 주목할 만한 학설을 전개했다.

아리스토텔레스는 피타고라스학파를 설명하면서 "무슨 말인고 하니 피타고라스학파 사람들은 10을 수의 모든 성질을 포함하는 완전수라고 생각했기 때문에 행성도 열 개라고 했는데, 눈으로는 아홉 개밖에 확인할 수 없자 위에서 든 이유로 대對지구*를 열 번째 행성이라고 했다"라고 했다. 아리스토텔레스의 말은 헷갈리는 것도 아니고, 수수께끼 같은 것도 아니다. 17세기에서 21세기까지의 자연과학자들은 피타고라스학파의 이 견해를 옹호했고, 철석같이 믿었다.

예를 들면 1920년대에 프랑스의 수학자 폴 디랙Paul Dirac은 클라인-고든Klein-Gordon 장場방정식 확장에 착수하여 이 장방정식이 전자에 대한 상대론적 해解를 포함하게끔 장방정식을 변형했다. 디랙 프로젝트의 세부 내용은 다루지 않는다. 여기서 주목할 점은 이전에 본 길이 안내를 해 줄 것으로 믿으면서 볼 수 없는 길을 나서는 위태로운 항해이다. 디랙은 바로 난관에 부딪혔다. 방정식은 $x^2 + 11x + 10 = (x+10)(x+1)$처럼 인수분해되는 것이어야 했다. 그러려면 새로운 수학적 개체가 필요했다. 디랙은 궁리에 궁리를 거듭한 끝에 클라인-고든 방정식을 푸는 데 성공했고, 수학적 개체와 대응하여 물리적 개체로서 상대론적 전자가 드러났다. 이때 디

---

* 피타고라스학파 사람들이 눈으로 볼 수 없다고 생각한 행성.

랙은 특이한 결과, 다시 말해 클라인-고든 방정식의 답이 악마의 꼬리처럼 두 개임에 주목했다. 하나는 예상대로 전자와 부합하여 그 답의 마이너스 부호가 전자의 '음전하'와 일치했다. 그러나 다른 하나는 전하를 '제외한' 모든 성질이 전자와 부합하는 것처럼 보였다. 디랙보다 못한 수학자들이라면 말도 안 되는 답을 버리고 연구나 계속했을 것이다. 그러나 디랙은 그들의 충고를 무시하고 양전자의 존재를 단언했다.

디랙은 악마의 꼬리가 갈라진 것을 '보았다'. 몇 년 뒤 실험물리학자들은 양전자의 존재를 확인했다.

피타고라스학파의 가르침 가운데 콩, 수 신비주의, 미신 같은 불건전한 것을 없애 보자. 그러면 수가 만물의 근원이라는 가르침이 여러 철학 학파의 프리즘을 통과하여 유럽 과학에 결정적인 영감(문제 해결에 필수적인 열쇠 구실을 하는)을 불어넣었음을 알 수 있고, 또한 이 열쇠로 허다한 문제가 풀린다고 찬양하기만 했지 정작 그 뜻은 한 번도 설명된 적이 없음도 알 수 있다.

그리스 역사가들은 이상한 이야기 한 토막을 전한다. 배 한 척이 에게해를 가로지른다. 파도가 선체를 찰싹찰싹 때리고, 노 젓는 사람들이 노래를 부른다. 배에는 수학자들이 많았다. 왜 수학자들이 배를 타고 바다에 나섰는지는 모르지만, 모두 피타고라스학파 사람들이다.

피타고라스는 자신의 이름을 딴 정리로 공식적인 수학사에서 이름을 떨쳤다. 피타고라스 정리를 소개하는 것도 유익하리라고 본다. 꼭지점이 A, B, C인 직각삼각형이 있다고 하자. 꼭지점 사이의 거리는 '보이는 그대로'이고, 거리가 그렇다면 수도 마찬가지이다'. 거리가 수와 일치하지 않으면 수가 만물의 근원이라는 피타고라스의 유명한 명제는 의미가 없어진다. 직각삼각형에는 예기치 못한 수학적 관계식이 여럿 있다. 특히 피타고라스는 직각삼각형에서 AB 사이의 거리와 BC 사이의 거리의 합이 AC 사이의 거리와 상관관계가 있음을 발견했다. 이를 간단한 공식으로 나타내면 $(A-B)^2 + (B-C)^2 = (A-C)^2$이다. 피타고라스가 보여 준 증명법은 면적을 이리저리 옮겨 붙이는 것이었다. 제곱한 수는 '면적'을 의미한다. 정사각형의 면적은 길이와 높이의 곱이다. 정사각형은 정의에 따르면 길이와 높이가 같기 때문에 정사각형의 면적은 두 길이의 곱이나 두 높이의 곱이 같다. 피타고라스는 직각삼각형의 각 변에 정사각형을 만들어 붙이는 방법을 생각해 냈고, 정사각형들을 힘겹게 이리저리 옮겨 붙이는 작업을 거쳐…… 증명을 했다.

필자가 열쇠를 내놓았기 때문에 독자들도 피타고라스 정리를 마저 증명할 수 있을 것이다. 수학에서는 열쇠가 중요하다.

하지만 피타고라스 정리는 어떠한 방식의 피타고라스학파의 주장도 깡그리 파멸로 몰아붙인다. 방금 출항한 배의 갑판에서 그 대단원의 막이 열린다. 메타폰툼Metapontum의 히파수스Hippasus라는 수학자가 방금 직각삼각형을 하나 그렸다. 갑판의 먼지 낀 널빤지에 그려진 삼각형의 두 변은 길이가 한 단위(1)씩이다. 히파수스는 주의를 끌려고 헛기침을 한 뒤 빗변의 길이가 피타고라스 정리에 따라 2의 제곱근과 같아야 함을 보여 준다.

이어서 히파수스는 2의 제곱근을 두 수의 비로 가정해 보자고 한다. 이때 $\sqrt{2} = m/n$이다. 다음 단계는 전신기 키를 톡톡 두드리는 것만큼 간단하다. 톡. m/n을 m과 n이 공약수가 없게 만들었다고 하자.

그러면 m과 n이 둘 다 홀수이거나 m은 짝수이고 n은 홀수이거나 m은 홀수이고 n은 짝수이다.

모두 고개를 끄덕인다. 배에 타고 있는 것은 좋은 일이다.

톡. $\sqrt{2} = m/n$의 양변을 제곱하라. 그러면 $2 = m^2/n^2$이다.

톡. 그러면 $2n^2 = m^2$이다. 따라서 m^2은 짝수이다.

그렇다면 $m = 2x$이고, x는 어떤 수이다. 결국 m은 짝수라는 말이다.

톡. 또 제곱을 하면 $m^2 = 4x^2 = 2n^2 \cdots$.

이제 한 번만 더 누르면 된다. 그러나 표제에 대승했다고 대서특필하고 그다음 페이지에 상세 기사를 싣는 신문처럼 필자는 하고 싶은 말을 벌써 다했다. 다음 페이지 내용을 알려면 독자는 $n^2 = 2x^2$임을 알아차리기만 하면 된다. 그러면…….

'필자'는 그만 두드리지만, 히파수스는 계속 두드리면서 흡족한 표정으로 어떤 모순에 이르렀음을 지적한다. 톡, 톡, 톡. 2의 제곱근이 두 수의 비로 표시된다는 가정은 무의미하다. 톡, 톡, 톡. 어떤 거리는 자연수로 측정될 수 없다. 그러고 말이야…… 톡, 톡, 톡.

그렇지만 이야기는 여기서 끝난다. 피타고라스학파 사람들은 히파수스를 바다에 빠뜨렸다. 히파수스는 계속 두드리다가 수치스런 죽음을 당했다.

피타고라스는 언젠가 자신을 신이라고 선언했다고 한다.

그렇게 할 만도 했다.

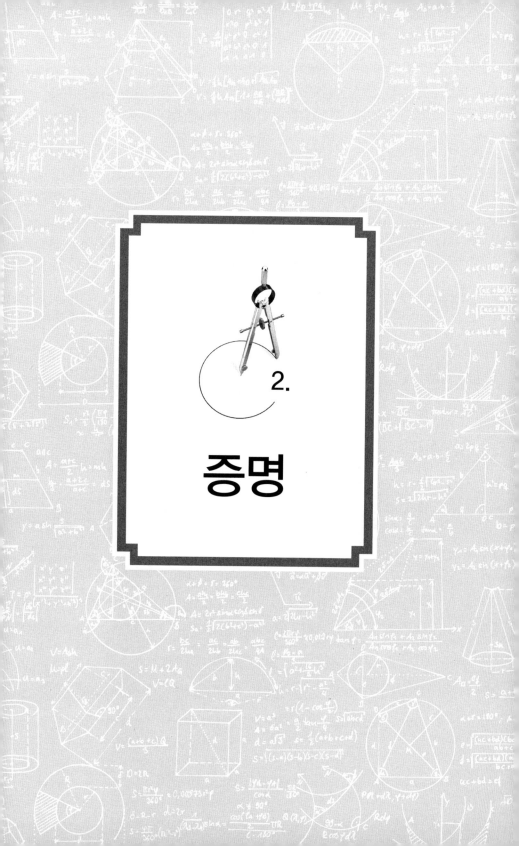

2.

증명

수학은 통찰력과 순간적으로 번쩍하는 영감으로 만들어진 것이기도 하지만, 고딕 성당처럼 견고한 것이기도 하다. 피타고라스학파 사람들은 통찰력이 뛰어났고, 또 대담한 형이상학자이기도 했다. 그러나 피타고라스학파에는 오랫동안 힘들여 쌓아 올린 고딕 성당 같은 것이 없었다. 피타고라스학파 사람들은 달빛 속을 거닐며 영감이 떠오르기를 바라는 데 만족했다. 피타고라스학파 사람들이 사라지고 2세기가 지나서 그리스의 수학자 유클리드Euclid가 견고한 성당 만드는 작업을 해냈다. 유클리드는 중세기 내내 알렉산드리아의 유클리드 또는 메가라Megara의 유클리드라고 불렸으나, 이 호칭은 둘 다 정확한 것이 아니었다. 그 후 유클리드는 『원론Elements』의 유클리드라고 불렸다. 『원론』은 유클리드에게 불후의 명성을 안겨 주었다. 『원론』은 학자들이 기원전 6세기에서 4세기까지의 군소 수학자들을 본문에서 다루지 않고 주석에서만 다룰 정도로 큰 영향을 미쳤다.

　유클리드도 피타고라스처럼 신비에 싸인 사람이었다. 유클리드가 태어난 날짜와 장소도 알려지지 않았다. 유클리드의 일생을 가장 많이 언급한 사람은 그리스의 철학자이자 수학자 프로클루스Proclus였다. 프로클루스는 "유클리드는 프톨레마이오스 1세 치세 때 살았다"라고 썼다. 이어서 프로클루스는 유클리드가 플라톤의 제자들보다는 젊고 에라토스테네스Eratosthenes와 아르키메데스Archimedes보다는 나이가 많다고 덧붙였다. 프톨레마이오스 1세는 이집트 왕치고는 형편없는 사람이었다. 프로클루스는 프톨레마이오스 1세가 『원론』보다 쉽게 기하학을 배울 수 있는 방법은 없는가?'라고 물었다고 기록했다.

유클리드는 "기하학에는 왕도가 없습니다"라고 무뚝뚝하게 대답했다.

유클리드는 자신이 다루는 주제의 중요성을 잘 알고 칼 같은 주석서에 밑줄을 긋기까지 했다. 또 다른 그리스 주석자 스토배우스Stobaeus에 따르면 어떤 제자가 순진하게도 기하학을 배워서 어디에 써 먹습니까 하고 물었다. 유클리드는 "배운 것으로 돈벌이 할 녀석이군" 하면서 동전 몇 개를 집어 주라고 노예에게 말했다. 동전은 땡그랑거리며 땅에 떨어졌다. 스토배우스도, 둔한 제자도, 부지런한 노예도 기원전 4세기 초쯤에 살았다. 유클리드도 마찬가지였다. 사람들은 유클리드를 존경했고, 유클리드에게 의견을 구했고, 가는 곳마다 유클리드 이야기를 했다. 유클리드는 유명해졌고, 생활에 여유가 생겨 여기저기 돌아다녔다. 그러다가 유클리드는 시간과 공간을 초월한 불멸의 별이 되었다.

오랜 세월 동안 지식인이라면 누구나 『원론』을 읽었다. 유클리드가 죽은 지 700여 년 지나 어떤 철학자가 로마의 지식인들이 모인 자리에서 '주어진 직선으로 정삼각형 그리는' 법을 물었다. 사람들은 즉시『원론』의 제1명제를 인용했다. 사람들은 흡족한 표정으로『원론』의 내용을 제대로 이해하고 있음을 축하하면서 그들 문화의 특성을 형성해 준 이 걸작을 그리스어로 논평했다. 그러고는 모두 껄껄 웃어댔다. 17세기에 기념비적인『자연철학의 수학적 원리Philosophiae Naturalis Principia Mathematica』를 완성해서 물리학 이론을 처음으로 집대성한 뉴턴Isaac Newton은 유클리드 기하학의 언어로 자신의 사상을 나타내고 자신의 체계나 방법은 될 수 있는 대로 드러내지 않으려 했다. 유클리드의 권위는 이 정도로 대단했다.

피타고라스학파 사람들은 자연수에 도취되었다. 그러나 유클리드는 감각적이고 가변적인 경험계에 질서를 부여하려 한 기하학자였다.『원론』은 걸작이었다. 다른 걸작들과 마찬가지로『원론』은 많은 거장들에게 영감을 주었다. 이 거장들은 모두 유클리드의 폭넓은 지성의 세례를 받았다. 말할 것도 없이『원론』은 기하학 교과서이다.『원론』은 간단한 내용에서 복잡한 내용으로 전개된다. 체계도 아름답다. 내용은 칼날처럼 간결하고 명료하다. 훌륭한 교과서가 다 그렇듯이『원론』도 이해하기 쉽지 않다. 유클리드 기하학을 이해하려면 비법을 전수받은 사람과 학생 사이에 협력이 필요하다. 교사의 강의는 지루하고, 학생은 꾸벅꾸벅 존다. 지루한 강의와 꾸벅꾸벅 조는 것이 반복되는 중에『원론』도 내용이 마스터된다.

고등학교 학습용 번역서가 역사적으로 아무리 중요하다 해도 교과서가 불멸이 되는 경우는 드물다. 유클리드의 교과서는 한 편의 논문이자 수학자와 전문가를 대상으로 한 위대한 책이다. 그러나 '일반 사람들'도 찾는다. 과연 평면기하학의 대상이 되는 물체들은 수학 자체와 관련 없이 존재한다. 『원론』에는 일상생활에서 마주치는 점, 선, 각, 원, 삼각형, 정사각형, 납작한 직사각형이 나온다. 테이블 판은 정사각형을, 펜은 점을, 자는 선을 만들어 내고, 눈부신 빛을 받는 벽이나 교회 뾰족탑의 그림자는 일정한 각을 만든다. 여러 가지 삼각형의 내각을 측정하던 이집트의 토지 측량사들은 내각의 합이 180도 안팎임을 분명히 알고 있었다.

'안팎'이라고 말한 데 주목하라.

하나의 체계적인 논문, 곧 '이론'이기도 한 『원론』은 늘 변하고 영원히 혼란스러운 경험의 파편들에 질서를 부여한다. 실용기하학은 실세계에서 살아 숨 쉬고 땀 흘리는 경험적인 것을 다룬다. 실세계의 사물은 얼버무려지고 희미해지고 뒤죽박죽된 상태이다. 반면에 유클리드 기하학에서는 점은 모이고, 선은 곧게 나아가며 각은 좁혀진다. 이상화가 이루어지고, 어떤 경험적 사실은 폐기되고 다른 경험적 사실은 수용된다. 장면을 만들어 보려고 엄지손가락과 집게손가락으로 그린 삼각형은 사라지고, 완벽하고 통제된 유클리드의 삼각형으로 대체된다. 유클리드의 삼각형은 경험계를 떠나 절대에로 들어가는 환상적인 외삽법이다. 유클리드의 삼각형에서 선은 모두 곧고, 각은 모두 또렷하고, 내각의 합은 모두 정확히 180도이다.

'정확히'라고 말한 데 주목하라.

이제 『원론』의 세 번째 참모습을 살펴볼 차례이다. 유클리드의 교과서가 깊게 보면 논문이듯이, 이 논문은 더 깊게 보면 학술서이다. 『원론』은 단순한 기하학 책일 뿐만 아니라 기하학 책이 '어떻게' 쓰여야 하는지를 보여 주는 전범典範으로 포스트모더니스트들이 문학 연구에 자주 사용하는 메타 텍스트이기도 하기 때문이다.

방법론을 다룬 세 번째 학술서는 수학자들이 수학에서 확실성을 어떻게 달성할 것인가 하는 포괄적이고도 일반적인 질문에 답을 준다. 물론이 질문에 대한 한 가지 답은 수학자들이 확실성을 달성하지도 못하고 달성할 수도 없다는 것이다. 그러나 이런 대답이 맞는지 맞지 않는지는 확실하지 않다. 그렇지 않다면 수학이 대체 무슨 소용 있겠는가? 이것은 훨씬 포스트모던한 사상이 가속 페달을 밟아도 속도가 잘 붙지 않는 것과 비슷하다. 유클리드와 그 후의 수학자들이 내놓은 다른 답은 확실성은 특별한 방법으로 달성된다는 것이다. 유클리드가 옹호한 방법은 '증명'이라는 방법이었다. 유클리드는 이 방법을 사용하여 수학하는 방법과 가부키歌舞伎처럼 엄격하고 주어진 양식을 따르는 수학자가 되는 방법을 창조했다.

수학에서 증명은 논증이다. 그래서 증명은 논리의 지배를 받는다. 아리스토텔레스는 유클리드가 자신의 기하학 체계를 구축했던 시기와 비슷한 때에 형식논리학 원리를 창조했다. 이것은 사상사에 널려 있는 우연의 일치 가운데 하나이다. 같은 세대의 사람은 아니었지만 유클리드와 아리스토텔레스는 서로 통하는 데가 있었고, 사상적으로나 시간적으로나 역사적으로 서로 연결되어 있었다. 그러나 형식논리학은 수학보다 범위가 더 넓다. 형식논리학의 대상은 크게 봐서 추론과 논증이다. 수학적 증명은 신학이나 법학의 논증보다 정교하고 전문화된 도구이다. 오랫동안 끈끈한 호흡을 서로 주고받던 수학과 논리학은 20세기가 되어서야 수리논리학이라는 단일 주제로 녹아들었다.

수학에서 증명은 특수한 추론 단계를 거쳐 전제에서 결론을 이끌어 내는 지적 과정이다. 수학에서는 가정을 '공리'라 하고, 결론을 '정리'라고 한다. 이것을 좀 더 엄격하게 정의할 수도 있다. 증명은 유한한 개수의 진술로 이루어지고, 개개의 진술은 공리이거나 엄격하게 정의된 규칙에 따라 공리에서 직접 도출된 것이다. 수학자는 공리에서 정리를 이끌어 낸다. 수학자의 체계가 면밀하다면 많은 정리들이 신중하게 선정된 공리에서 도출될 것이다. 이상은 증명 방법을 간략히 설명한 것이다. 그러나 이 같은 설명은 수학자에게 가해지는 특이한 요구나 방법의 엄격함을 제대로 설명하지 못한다. 수학적 증명은 다른 지적 경험과 다르다. 그렇기에 그 방법을 창조하고 『원론』에 적용한 유클리드의 업적을 더욱 경이로운 심정으로 바라보게 된다. 이것은 유클리드가 자기 자신을 낳은 것과 같은 정도의 위업이다.

증명 방법이 수학자에게 확실성을 기대하게 한다 하더라도 확실성이야말로 잠정적인 것이다. 어쨌든 증명은 가정을 결론으로, 공리를 정리로 이끌어 준다. 확실성이라는 망치가 정리에 떨어진다면 이 망치는 같은 힘으로 공리에 떨어질 수 없다.

유클리드는 가정을 정의, 공리, 공통개념의 세 범주로 나누었다. 정의는 실망스러운 것이었다. 정의는 모두 23개인데 그 하나하나가 유클리드가 완성할 수 없는 지적 과업에 도전했음을 보여 준다. 유클리드는 점은 부분이 없고, 선은 폭이 없고, 선의 양 끝은 점이라고 했다. 이것이 유클리드의 정의 1, 정의 2, 정의 3의 내용이다. 논리학자들은 이런 정의가 동어반

복이라느니 불행한 소급적 추론의 시작이라느니 하면서 비판한다. 부분이 없다는 것이 '점'이라는 식으로 정의된다면 부분이 없는 것이 점이라는 것을 알아봤자 별로 도움이 안 된다. 그러나 이런 용어로 정의되지 않는다면 달리 어떤 용어를 사용할 것인가? 동어 반복과 소급적 추론 사이에 긴 현대의 기하학 텍스트는 정의되지 않은 이들 용어를 '열거하기만 하고' 이들 용어에 의미를 부여하려 하지 않는다. 다른 용어들은 정의되지 않은 용어를 참고하여 명확히 정의된다. 이런 방법은 유익하고 옳다. 정의의 사슬은 결국 의미가 가정되거나 무시된 용어로 돌아간다.

한편 유클리드의 공통개념은 매우 타당하다. 공통개념은 소중한 지적 브로마이드여서 우리를 성가시게 하지 않는다. 공통개념을 모두 열거해 보자.

1. 어떤 동일한 것과 같은 것들은 서로 같다.

2. 같은 것에 같은 것을 더하면 전체는 같다.

3. 같은 것에서 같은 것을 빼면 나머지는 같다.

4. 서로 일치하는 것은 서로 같다.

5. 전체는 부분보다 크다.

유클리드는 1~5가 기하학에 관련된 어떤 수학적 체계의 일부임에 틀림없다고 보고 '공통개념'이라고 이름 붙였다. 현대 논리학자들은 공통개념을 논리 자체로 간주할 것이다. 그러나 공통개념을 어디에 귀속시키든 전체가 부분보다 크다는 지적에 분개하는 사람은 없을 것이다.

이제 유클리드 기하학의 토대인 공리를 다룰 차례이다. 공리는 두 가지 조건을 충족해야 한다. 하나는 기하학에 관한 중요한 것들이 모두 공리에서 도출되어야 할 만큼 내용이 풍부해야 한다는 것이고, 다른 하나는 논증할 필요가 없을 만큼 자명해야 한다는 것이다. 유클리드의 공리는 완벽하지 않다. 그 속에는 벌레가 한 마리 도사리고 있다. 그러나 유클리드 이전 수학자의 기준으로 보면 유클리드가 만든 체계는 놀라울 뿐만 아니라 전례가 없는 것이다. 유클리드는 처음으로 체계를 세웠기 때문에 고대의 체계 수립자 가운데 가장 위대하다.

유클리드는 공리 다섯 개로 기하학의 체계를 세웠다. 첫 세 공리는 의미가 건설적이다. 그리고 그것들이 적용되면 그 효과로 무엇인가 가능해진다. 유클리드는 다음 사항들이 항상 가능하다고 가정하자고 말한다.

1. 임의의 점에서 다른 임의의 점으로 직선을 그을 수 있다.
2. 주어진 유한 직선을 연장하여 계속 직선을 만들 수 있다.
3. 임의의 중심과 반지름이 주어지면 원을 그릴 수 있다.

공리 1~3의 성질은 간단하다. 공리 1은 두 점이 주어지면 직선을 그릴 수 있다는 것이다. 공리 2는 주어진 직선이 있으면 그보다 긴 직선을 그을 수 있고 이 과정은 무한히 계속된다는 것이다. 공리 3은 중심과 반지름이 주어지면 원은 얼마든지 그릴 수 있다는 것이다.

공리 4는 모든 직각삼각형에 해당하는 선언이다.

4. 모든 직각은 서로 같다.

이제 유클리드 체계의 다섯 번째 공리를(그와 더불어 벌레를) 볼 차례이다. 유클리드의 제5공리는 18세기 스코틀랜드 수학자 존 플레이페어John Playfair가 한 표현에 따르면 다음과 같은데, 이게 바로 꿈틀거리는 것이 보일지도 모르는 벌레이다.

5. 주어진 직선 밖의 한 점을 지나면서 이 직선에 평행한 선은 하나뿐이다.

유클리드 자신의 표현이든 플레이페어의 표현이든 간에 이 말은 끊임없이 수학계를 괴롭혔다. 공리 5는 유클리드 체계의 핵심 부분이자 체계의 하중을 지탱하는 구조물이다. 공리 5는 분명히 그럴싸해 보인다. 직선과 그 직선 밖에 있는 임의의 점이 주어지면 이 점을 지나면서 직선에 평행한 선은 '하나'뿐이다. 그렇지만 평행선 공리에 부합하는 그림이 수학적 불안감을 없애지는 못한다. 조금 모호하기는 하지만 공리 5는 의미 전달에 완전히 성공하지는 못한 가정을 포함하고 있었다. 평행선과 공간상의 한 점은 확실한 것이고, 그 결과로 나온 그림 또한 확실한 것이다. 그러나 이 멋진 평행선 그림에는 해결되지 않는 이상한 것이 있다. 이 그림이 그럴싸해 보이는 이유는 평행선을 포함한 공간이 '평평하다'는 것을 전제로 하기 때문이다. 이 전제가 취소되거나 바뀌면 이 그림은 곧 그럴싸함을 잃고, 공간 자체는 이상하게 구부러지게 된다……

우리는 여기에 찍힌 점(……)을 왠지 어색하게 느끼면서 유클리드의 공

라파엘이 그린 「아테네 학당」에서 허리를 굽혀 컴퍼스를 돌리고 있는 유클리드.

리 5가 다른 네 개의 공리만큼 명확한 지위를 차지하지 못함을 깨닫는다. 이것은 그 후의 수학자들에게 공리 5는 공리가 아니라 유클리드 체계의 '정리'일지도 모른다고 암시했다. 수학자들은 공리 5를 입증하려고 복잡하고 헷갈리는 무수한 논문(라틴어, 그리스어, 이탈리아어, 프랑스어, 독일어 등 어느 언어로 되었든 간에)

을 통해 유클리드의 공리 5가 다른 공리에서 '도출될' 수 있음을 증명하려고 2,200년 넘게 시도했다. 열성적인 아마추어가 도전해 볼 때처럼 명시적 방법으로든 기가 막힐 정도로 미묘한 방법으로든 간에, 결국 그 어떤 증명이라도 정확히 바로 그 논쟁점인 공리 5를 가정하는 것처럼 보였다. 뛰어난 수학자들이 교묘한 일련의 순환 과정을 밟아 꼼짝없이 다시 그 평행선 공리로 되돌아가곤 했다.

유클리드 자신도 이 문제가 몹시 까다로운 문제임을 알고 있었다. 유클리드도 평행선 공리를 증명하지는 못했다. 아마 유클리드는 뛰어난 직관력으로 뒤얽힌 길을 꿰뚫어 보았을 것이다. 그 길은 하나의 틀린 증명에서 다른 틀린 증명으로 나아가고, 결국 놀라운 결론에 이르게 될 거야. 평행선 공리는 말이야(아니야, 정리는 아니야), 그 길은 광기가 넘쳐흘러. 그게 아니고 사실은 말이야…….

문장 끝의 줄임표는 매우 놀라운 도구이다. 이 멋진 땅땅땅 점 찍는 소리에 맞추어 축약된 문학적 기법이 얼마나 많았던가(줄이기, 멀찍이 그늘 드리우기, 빨리 앞으로 나아가기 같은 것들 말이다). 이 점들은 초대장이고, 낭만에의 안내자이고, 감질나게 만드는 것이며, 상상할 수 없는 일이 일어날 징조이다.

유클리드는 『원론』을 쓸 때 준비운동 같은 것에는 신경조차 쓰지 않았다. 『원론』은 퉁명스럽게 쾅 하고 시작된다. 곧바로 무엇인가를 증명해 보인다. 선분이 주어지면(『원론』의 첫 문장인 정의 1은 단언한다) 언제든지 그 선분 위에 정삼각형을 만들 수 있다. 만들 수 있음은 '창조할' 수 있다는 말이다. 유클리드의 정의와 공리에서 새로운 기하학적 개체가 생겨난다. 증명은 보폭이 짧고 둔중한 로마 병사의 발걸음처럼 전개된다. 그러다가 갑자기 멈춘다. 증명해야 할 것들은 남김없이 증명되었다, 그것도 혀를 내두를 만큼 간결하게.

증명 과정을 보자.

1. AB를 주어진 유한한 직선이라고 하자.

2. 중심이 A, 거리가 AB인 원 BCD를 그린다.

공리 3.

3. 중심이 $B\cdots$

다시 공리 3.

4. 원이 교차하는 점 C에서 점 A, 점 B로 직선을 긋는다.

공리 1.

5. 그런데 $AC=AB\cdots$

겨우 추론 다섯 개로 증명의 얼개가 명확히 드러난다. 삼각형 주위를 3단계에 걸쳐 한 번 돎으로써 유클리드는 세 변 AC와 AB, BC와 BA, CA와 CB(이것은 AC와 AB이다)가 모두 같음을 정연하게 보여 준다.

『원론』은 이렇게 시작되어 매우 간단한 명제에서 아주 복잡한 명제로 나아가고, 명백한 것에서 전혀 예기치 못한 것으로 전개된다. 오랜 세월 동안 수학자들은 너나 할 것 없이 『원론』을 찬탄했다. 그동안 『원론』의 비밀은 속속들이 밝혀졌고, 『원론』의 어두웠던 부분은 빛으로 넘쳐났다. 19세기에 들어서자 유클리드 체계는 놀라울 것이 별로 없게 되었다. 그러나 견고하고도 오래된 유클리드 기하학은 눈부신 봄날의 새싹을 아직도 움트게 할 수 있다. 예를 들면 19세기 말 영국계 미국인 프랭크 몰리Frank Morley는 '어떤' 유클리드 삼각형이라도 세 꼭지점을 삼등분하여 선을 그으면 그 선들이 만나는 점들이 삼각형 내부에 정삼각형을 이룬다는 사실을 발견하고 증명했다. 이것은 유클리드가 죽은 지 2,300년 만에 달성된 훌륭한 업적이었고, 증명 방법도 발견의 도구라는 놀라운 증거였다.

17세기 들어 프랑스의 수학자 피에르 드 페르마Pierre de Fermat가 방정식 $x^n + y^n = z^n$이 딱 떨어지는 정수로 풀릴 수 있는지 질문을 던졌다. $n = 1$이면 방정식은 볼 것도 없다. $n = 2$이면 답은 분명하다. 피타고라스 세 쌍 3, 4, 5는 방정식 $x^2 + y^2 = z^2$을 멋지게 충족한다. 3의 제곱과 4의 제곱의 합은 5의 제곱이다. 지수가 2보다 크면 상황이 바뀐다. 페르마는 열심히 찾아본 결과 $x^3 + y^3 = z^3$을 충족시키는 피타고라스 세 쌍 x, y, z는 '없음'을 발견했다. 페르마는 디오판투스Diophantus의 논문 『산학Arithmetica』의 여백에 "세제곱수를 두 세제곱수의 합으로 나타내는 것은 불가능하다"라고 썼다. 페르마는 한 걸음 더 나아가 자신의 연구 결과를 일반화해서 불멸의 이름을 남겼다. 세제곱에 대해 성립하지 않는 것은 거듭제곱이 몇 제곱이든지 간에, 어떻게 찾든지 간에 성립될 수 없다. "제곱보다 큰 거듭제곱을 가진 어떤 수를 같은 거듭제곱을 가진 두 수의 합으로 나타낸다는 것은 '불가능하다.'"

페르마는 자신의 추측에 대한 놀랄 만한 증명을 발견했다고 생각했고, 유감스럽게도 여백이 부족해 증명을 다 기록할 수 없다고 썼다.

매우 뛰어난 수학자들은 당황했고, 이 문제에 매달리기도 했다. 아마추어와 괴짜들이 묘하게도 필자의 이메일 주소를 알아내고는 황당한 증명을 보내왔다. 그 가운데는 정말 독창적인 것도 있었다. 1993년 영국의 수학자 앤드루 와일즈Andrew Wiles가 페르마의 주장이 옳음을 소급해서 보여 주는 증명을 발표했다. 결국 페르마가 옳았다. 와일즈의 증명은 200쪽이 넘었고, 현대 수학을 방대하게 이용한 것이었다. 옥스퍼드 대학에서 극적인 상황에서 공개된 처음의 증명에는 오류가 한 군데 있었다. 증명은 수정되어야 했다. 오류를 바로잡은 다음에는 틀린 곳이 한 군데도 없었다.

와일즈의 논문은 오래된 문제를 다루었으나, 이 논문에는 최신 수학 이론이 동원되었다. 사실 와일즈의 논문은 '초'현대적이었다. 그렇지만 이 논문에는 새롭다기보다 옛날부터 있던 특성들이 들어 있었다. 와일즈의 증명은 피타고라스학파 사람처럼 신들린 상태에서 쓰인 것이어서 옛날의 반 미친 듯한 피타고라스학파 사람들이 다시 모여 말하고 노래하는 것 같았다. 페르마의 추측은 수의 가장 간단한 성질을 이용한 것이었다. 그 추측에서 제기된 문제, 다시 말해 n이 2보다 큰 수일 때 $x^n + y^n = z^n$을 충족하는 x, y, z가 '있느냐'는 문제는 단도직입적인 것이었고, 자연스러운 선언이 나올 만큼 직관 밑바탕에 가까이 있는 것처럼 보였다. 그러나 페르마의 마지막 정리 증명은 직관 너머에 있었고, 수학에서 직관은 늘 체계적으로 뒷받침되어야 함을 보여 주어 반 미친 듯한 피타고라스학파의 이론을 바로잡았다.

유클리드는 밤이면 남 몰래 기침을 해 댄다. 와일즈의 논문은 몹시 복잡하고 초현대적인 상징으로 이루어졌지만, 유클리드가 『원론』의 명제 1을 증명하려고 필요로 했던, 대여섯 줄에 보이는 설계도와 정확히 일치하게 구성되었다. 두 경우 모두 무언가 증명되어야 했고, 증명 방법의 포로가 되어야 했다. 두 경우 모두 가정된 것도 있고, 당연한 것으로 여겨진 공통개념도 몇 개 있었다. 추론은 사고의 흐름을 통제한다. 수학이라는 건축물은 외형이 커졌지만, 내적 성질은 커지지 않았다. 인간이 다루는 주제 가운데 수학만큼 많이 변하고 또 수학만큼 변하지 않은 것도 없을 것이다.

3.

해석기하학

그리스인은 위업을 남겼다. 그렇지만 그다음에는 침묵의 시대가 뒤따랐다. 그리스를 정복하고 이어서 전 세계를 정복한 둔감한 로마인은 군사적으로는 뛰어났다. 로마인은 정치와 선전에 천재적 재능을 보였고, 법률, 의학, 위생 공학에 재능을 타고났다. 로마인은 다른 어떤 분야보다도 이 세 분야에서 인류의 행복에 기여했다고 본다. 그러나 로마인은 수학적 재능이 전혀 없었다. 로마인은 수학에 무능했다. 그리스 고전 문화가 오늘날의 르완다나 수단에 직접 전해졌다고 생각해 보라. 로마인들은 르완다나 수단 사람처럼 수학에 무능했다. 수학적 호기심은 로마 제국에서도 죽었고, 1,000년 넘게 지속된 서구 기독교 세계에서도 죽었다. 교부들, 복자 베다The Venerable Bede, 안셀름Anselm, 아벨라르Abélard, 알베르투스 마그누스Albertus Magnus, 토마스 아퀴나스Thomas Aquinas, 둔스 스코투스Duns Scotus, 윌리엄 오컴William of Occam 등 위대한 신학자나 철학자는 분명히 있었다. 그러나 피타고라스학파 사람들이 맛본 황홀경에 빠진 사람은 없었고, 기껏해야 냉담하게 그리스인의 형적을 분류하려는 사람만 있었을 뿐이다. 8세기에서 13세기 중엽까지 서로는 스페인에서 동으로는 인도 국경까지 지배한 이슬람 제국은 사정이 달랐다. 아랍어는 그리스, 로마와 중세를 세련되고도 유연하게 중재한 지식인의 언어였다. 향기 나는 바그다드 시는 엷은 미소를 띤 기쁨의 저수지였고, 아라비아 군도의 중심지였다. 전투에서 동생을 물리치고 권력을 장악한 칼리프 알 마문al-Ma'mūn은 9세기 초에 지혜의 집House of Wisdom을 열었다. 정복 사업으로 힘을 얻게 된 알마문은 수학자, 천문학자, 점성술사, 시인, 번역가를 초대하여 차가운 대리석으로 지은 지혜의 집 복도에 뒤섞어 놓았다. 아랍 수학자들은 다루기 쉬운 자연수 기호 체계를 고안했고(십진법은 지금도 사용된다), 2차방정식을 풀 줄 알았다. 아랍의 수학자들은 음수, 약분할 수 없는 무리수를 가지고 놀았다. 주목할 만한 이야기에 따르면, 그들이 가지고 논 음수와 무리수는 잔뜩 베일에 가려져 아무리 들여다봐도 무엇인지 알기 어려운 것들이었다. 아랍 수학자들은 대담무쌍했다. 이슬람 르네상스가 금빛 찬연한 바그다드를 덮고 있던 9세기에 저술을 한 알콰리즈미al-Khwárizmi는 제곱근과 거듭제곱을 자유자재로 다루었다. 그의 제자 아부 카밀Abū Kamil은 세제곱보다 높은 거듭제곱을 다룰 줄 알았고, 본질적으로 근대적인 방법(최선의 결과를 얻기 위해 두 변에서 빼고 인수분해 하는 것)을 사용하여 많은 2차방정식을 풀었다. 아부는 통찰력이 있고 현명한 사람이었다. 아랍인 중에서도 뛰어난 수학자이자 『루바이야트Rubá'iyyát』의 저자인 페르시아인 오마르 하이얌 Omar Khayyám은 3차방정식 풀이에 몰두했다. 그의 서정적인 지성은 대수학에서 불후의 진통제를 발견했다.

지금까지도 아랍어로 된 많은 과학 문헌을 읽지도 않고 연구하지도 않았다는 점도 특기할 만하다. 몇 세기가 흐르면 학자들이 존경하는 마음으로 '아랍의' 뉴턴을 언급할지도 모른다. 이 아랍의 뉴턴은 통찰력이 뛰어난 지성인일 것이다. 그의 성난 영혼은 자신의 걸작이 몇 세기 동안 먼지 덮인 서가나 헌책방의 책꽂이에 파묻혀 있었다는 사실에 거품을 물며 분개할 것이다.

학자들이 보지 못하고 놓친 보석이 무엇이든 간에 오늘날 수학사를 연구하는 사람들은 학자적 양심의 가책 없이 그리스 시대가 끝날 무렵에서 근대 초기로 건너뛰어도 좋다.

건너뛰어도 좋다면 망설일 이유가 없지 않은가?

때는 1600년. 스콜라 철학자, 교회의 뾰족탑, 필경사들은 작별을 고했다. 위대한 수학의 시대가 바야흐로 열리려 했다. 17세기 초 수학자 마랭 메르센Marin Mersenne은 도서관(유클리드, 아폴로니우스, 아르키메데스 같은 고대의 몇몇 별들과 카르다노, 토리첼리, 봄벨리 같은 르네상스 후기의 많은 쟁쟁한 별들을 기리는 저작이 모여 있는) 서가 한쪽을 차지한 수학책을 모두 이해하고 있었다. 메르센은 뛰어난 수학자였고, 도서관 서가에는 자연수에 관한 논문 한두 편이 있었다. 메르센은 조심스럽게 주저하다 마침내 인도의 수학자들이 발명한 0과 -1, -2, -3, -4, … 같은 음수를 언급했다. 수학자들이 즐겨 쓰는 이 점들(…)은 전개를 생략한 표시인데, 이 경우는 음의 방향으로 무한한 암흑의 지경으로 '거꾸로' 나아간다는 뜻이다. 메르센은 르네상스기의 수학자들이 쉽게 놀라는 사람이고 니콜라 쉬케Nicolas Chuquet와 미하엘 슈티펠Michael Stifel이 음수를 악마의 노리개처럼 여겼다고 믿었다.

메르센은 '실수'에 관해서는 별로 할 말이 없어서 실수가 화제에 오르면 우물거렸다. 그리스인들은 2의 제곱근이 자연수나 자연수의 비와 무관함을 알고 있었다. 이것을 증명하려다 죽은 사람도 있었다. 1,500년 넘게 지난 뒤에도 먼지와 끈적이는 기름이 여전히 이 문제를 덮고 있었다. 먼지는 시야를 방해했고, 기름은 나아가지 못하게 방해했다. 자연수도 있고, 0도 있고, 음수도 있고, 분수도 있다. 분수는, 1/7이 0.142857…로 나타내어지는 것처럼, 꼬리가 무한히 반복되는 소수를 낳는다. 한편 2의 제곱근은 문제가 된다. 보통 분수로는 이것을 나타낼 수 없다. 그러나 이것은 무한한 소수를 끌고 다니는 어떤 수에 가까워질 수는 있다. 이것은 바빌로니아인들도 알고 있었던 사실이다. 2의 제곱근은 1보다 크고 2보다 작다. 또한 1.1보다 크고 1.9보다 작다……. 이 과정이 계속될수록 근사값은 더 정확해진다. 2의 제곱근을 입력하면 현대의 계산기는 1.4142135…라는 답을 내놓는다. 컴퓨터는 훨씬 정확하게 계산한다. 그러나 근사값이 아무리 멀리 뻗어나가도 반복 패턴을 보이지는 않는다. 소수는 불규칙적으로 뻗어나가고, 아무리 봐도 무작위적인 것 같다. 소수는 정말 헷갈린다. 같은 시대의 다른 수학자들처럼 메르센도 소수를 언급하는 데 흥미가 없었다.

메르센은 $x^2 = -1$ 같은 방정식에 답을 주는 수를 이해했는데, 그것은 예기치 않게 튀어나왔고 수가 매우 묘한 것이라는 인상을 주었다. 또한 라파엘 봄벨리Rafael Bombelli는 오늘날 복소수라 부르는 것에 손댔다. 봄벨리는 복소수 다루는 법을 알았다. 봄벨리는 순금을 발견했다. 그러나 햇빛 찬란한 이탈리아에 사는 사람답게 부주의하게도 자신이 발견한 것이 없어지게 내버려 두었다.

르네 데카르트René Descartes는 1596년에 태어나 쉰다섯 살에 죽었다. 근대 초기의 가장 위대한 철학자'이자' 근대 초기의 가장 위대한 수학자인 데카르트는 누구보다도 특이한 방식, 다시 말해 사물을 바라보는 확립된 어떤 방법으로 자신의 사고를 전개했다. 이 방법은 데카르트가 맛본 실망감에서 나온 것이었다. 데카르트는 "나는 젊었을 때 논리학…… 그리고 기하학적 해석학, 대수학을 공부했다"라고 했다. 별로 도움이 되지 않았음이 분명하다. 그는 '논리학의 3단 논법이 이미 알고 있는 다른 것을 설명하는 데 도움이 될 뿐임'을 알고 실망했다. 기하학과 대수학 또한 나을 것이 없었다. 기하학은 '너무 도형에 매달려 상상력을 고갈시키지 않고는 지성을 훈련할 수 없었다'. 같은 맥락으로 '대수학은 공식과 수에 너무 매달려 정신을 훈련하는 학문이라기보다 정신을 헷갈리게 하는 모호한 학문이 되고 말았다'. 데카르트는 분명히 자신의 지적 재능을 쉽게 인정하지 않는 사람이었다.

데카르트가 권한 방법을 흔히 방법적 회의라고 한다. 이 방법에는 자기 발전 프로그램에서 발견되는 좋은 점들이 있다. '문제를 잘 파악하라. 신중하게 다루어라. 어떤 것도 믿음을 근거로 받아들이지 마라. 명확한 관념을 찾아라. 자신을 믿어라.' 데카르트는 사고의 대상을 위험에 방치함으로써 사고를 없애려는 회의주의자는 결코 아니었다. 그러나 데카르트는 나무, 격자 세공, 햇빛, 그림자로 이루어진 낯익은 물질계가 복잡하고 깨지기 쉬운 추론의 끝에 놓여 있다는 것('장미는 붉다'같이 명백한 물리적 사실까지도 인식론적으로 부식될 수 있다)을 알았다. '장미'라고? '붉다'고? '정말로'라고? 여러분은(그렇다, 여러분은) 자신이 꿈꾸고 있지 않다는 것, 잘못 지

데카르트가 쓴 『방법서설』 초판본.

각하고 있지 않다는 것, 잘못 판단하고 있지 않다는 것을 어떻게 아는가? 단순히 혼란스런 우주의 희생자가 되었거나 악마 때문에 감각이 미쳤다면 어떻게 할 것인가? 이런 질문은 인류의 보편적 커리큘럼으로 자리 잡았는데, 철학 교사들이 잘 아는 것처럼, 때로는 감수성이 예민한 학생들을 미치기 직전까지 몰고 갈 수 있는 것이었다.

외계가 물러감에 따라 정신은 자신에로 돌아간다. '나는 생각한다. 그러므로 나는 존재한다.' 독립적이고 자발적인 정신이야말로 회의를 넘어서는 확실한 것이 존재함을 증명한다. 사물이 지각되는 방식과 사물이 존재하는 방식 사이의 구별이 사라진다. 곧 외양과 존재가 멋지게 융합된다. 그 뒤 데카르트는 이렇게 관찰한 것을 형이상학적 체계로 옮긴다. 우주는 그 성질에 따라 본래부터 물질계와 정신계로 나누어져 있다. 대책 없이 사고에 잠겨 있고 홀로 존재하는 개인이야말로 외계를 표현하는 방법을 배워야 한다. 데카르트는 수학이 외계를 표현하는 열쇠가 될지 모른다고 생각했다. 기초 수학은 정신이 자신과 나누는 대화의 일면을 표현하는 것이고 회의를 넘어서는 확실한 것이 존재함을 증명하는 것에 일익을 담당하는 어떤 것이기 때문이다.

데카르트는 예수회에서 세운 학교 라 플레슈La Flèche에서 초기 교육을 받았다. 데카르트는 자신의 성질이 별나다는 점을 교사들에게 이해시켰음이 틀림없다. 데카르트는 늦잠을 자도 좋다는 허락을 받았고, 그 후로 고질적인 병약자가 되었다. 1612년 파리로 이사한 데카르트는 학우 마랭 메르센을 만났다. 두 젊은이는 매일 밤늦게까지 이야기를 나누었다. 두 사람은 나무 부츠 굽을 딸각거리며 파리의 거리(필자가 지금 살고 있는 곳에서 멀지 않다)를 돌아다녔다. 데카르트는 오렌지 공 윌리엄William of Orange이 지휘하는 네덜란드 군에 입대했고, 나중에 30년 전쟁이 일어나자 드 부코이 백작Count de Bucquoy의 바바리안 군대에 자원해서 복무했다. 지휘관들이 매일 아침 늦잠 자고 싶다는 데카르트의 소원을 들어주어 별로 불편함이 없었는지 어땠는지 데카르트는 아무 말도 하지 않았다. 1619년 11월 19일 다뉴브 강가의 진흙 밭에서 군대가 야영을 했다. 군기가 찬바람에 나부꼈고, 텐트가 펄럭거렸다. 이날 밤 데카르트는 꿈에서 철학과 수학의 비밀을 계시 받았다.

데카르트의 계획을 완벽하게 구현하고 그의 꿈을 실현한 책이 『방법서설Discours de La Methode』이다. 해석기하학은 '기하학La Géométrie'이라고 이름 붙은 부록에 실려 있다. 이 책은 수록된 내용 이상으로 암시하는 것이 많으며, 자신이 보물을 캐내고 있다는 사실을 모르는 수학자가 쓴 것이다. 왜냐하면 이상하게도 해석기하학의 주요 개념이 해석기하학을 낳은 책 속에 명확하게 나타나 있지 않기 때문이다. 그래서 이 책의 원전을 읽은 수학자들은 저자가 그렇게 많은 것을 알고도 말은 왜 그렇게 적게 했는지 의아하게 여길 때가 많았다.

13세기 언젠가 교양 높은 영국인 귀족 틸버리의 게르바시우스Gervasius of Tilbury가 세계 지도를 만들 생각을 했다. 게르바시우스는 학자이자 역사가였다. 게르바시우스는 볼로냐까지 가서 교육을 받았고, 그다음에는 시실리의 윌리엄 2세 궁정에서 지냈다. 게르바시우스는 오토Otto 4세가 부빈 전투에서 패하기 직전 부르군디에서 오토 4세의 고문으로 일했다. 그 후 길이 꼬였다. 세계를 정복하려던 꿈이 좌절된 오토 4세가 저지低地 삭소니Saxony에 정착함에 따라 충직한 게르바시우스도 오토 4세를 따라갔다. 게르바시우스가 오토 4세를 기쁘게 해 주려고 쓴 것이 틀림없는 『오티아 임페리알리아Otia Imperialia』라는 책은 지금도 전해지고 있다.

잘 보관된 그 책 속에는 '에프슈토르프 마파문디Ebstorf Mappamundi'라는 대형 지도가 있다.

원래 지도가 있던 하노버에서 보면 동쪽을 향하는 이 지도는 그리스도가 부드럽게 감싸고 있는 세계를 묘사하고 있다. 유난히 작은 그리스도의 머리는 에덴동산(지도 제작자가 인도에 두었다)에 놓여 있다. 나머지 세계는 그리스도의 몸 윤곽에 따라 위치해 있다. 그리스도의 오른손은 북알바니아에 아무렇게나 놓여 있고, 왼손은 북아프리카에 놓여 있다. 모든 도로가 모이는 곳인 지도의 중심은 예루살렘이다. 사도의 무덤은 주요 로마 교회와 함께 모두 지도에 표시되어 있다. 거리도 없고, 유적도 없고, 지리적 명소도 없다. 지도에는 동물이 많이 있고, 향유고래 몸통에 갸름한 개의 머리를 한 사람도 있고, 여러 야만 제국의 가장자리에 나무줄기처럼 솟아 있는, 안색이 불그스레한 몇몇 거인도 있다.

17세기 무렵에는 도로 지도, 군사용 지도, 해안 지도가 유럽의 모든 궤

짝과 서랍에 쌓여 갔다. 프라하에서는 생기발랄한 티코 브라헤Tycho Brahe(코에 단 금속판이 결투 자국을 멋지게 가리고 있었다)가 천체 지도를 만들기 시작했다. 저지 국가에서는 히에로니무스 보쉬Hieronymus Bosch가 지옥 묘사를 완성했다. 이것은 너무 자세하여 유럽의 타락한 괴물에 관한 안내서 구실을 하는 지도로 간주됐다. 르네 데카르트도 이런 제도공과 지도 제작자의 세계에 발을 들여놓았다. 데카르트도 다른 사람들처럼 세계를 표현한 지도를 가지게 되었다.

그러나 데카르트의 지도는 양피지나 종이에 그려진 것도 아니었고, 금속에 에칭한 것도 아니었다. 그것은 유클리드 평면에 새겨진 정신적 지도였다. 데카르트의 지도는 면적이 없는 점, 넓이가 없는 직선, 굽거나 늘어지거나 구겨지지 않는 삼각형을 볼 줄 아는 눈을 지닌 사람만이 볼 수 있는 것이었다. 이 지도의 기본 구도는 간단했다. 두 직선으로 평면을 나누고, 교차점을 0이라고 한다. 이것이 세계 지도의 원점이고, 새 예루살렘이다. 수는 네 방향으로 난 네 직선을 따라 예루살렘을 출발한다. 오른쪽으로 가면 1, 2, 3, …으로 늘어나고, 왼쪽으로 가면 -1, -2, -3, …으로 줄어든다. 위로 가는 것과 아래로 가는 것도 이와 똑같다. 데카르트 자신은 『기하학』에서 좌표계라는 말을 쓰지 않았지만(다른 곳에서도 쓴 적이 없다), 이렇게 조직된 평면을 데카르트 좌표계라고 한다(그림 3.1).

얼른 보면 에프슈토르프 세계지도와 데카르트 좌표계 사이의 깊은 유사성을 잘 알 수 없다. 그러나 두 지도에는 공통된 특징이 있다. 두 지도는 그것들이 포함하는 것보다 더 많은 내용을 나타내며, 그래서 표현 자체의 모순을 보여 준다. 유교를 숭상하는 청나라 관리가 에프슈토르프 세계지

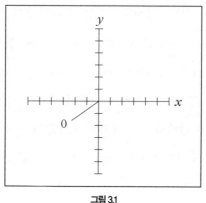

그림 3.1

도를 본다면 여러 가지 색깔로 구분된 지역에 팔을 늘어뜨리고 있는, 갸름한 얼굴의 이상한 사람과 여기저기 그려져 있는 짐승과 개의 머리를 한 사람들이 어정거리는 것밖에 보지 못할 것이다. 그러나 틸버리의 게르바시우스는 세상 너머의 세상, 즉 죄와 고통, 구원이라는 기독교 드라마에 예속된 나라와 대륙이 표현된 것을 보았다. 팔 벌리고 십자가에서 순교한 것 같은 모습인 데카르트 좌표계에 대해서도 우리들 '죄 없는 사람들'은 처음에는 그것이 표현하는 것을 보지 못하고 거기에 있는 것만 본다. 데카르트는 눈에 보이는 것 이상을 보았다. 이 때문에 데카르트는 위대한 수학자로 간주된다.

데카르트는 지금 당신 곁에 있다. 좀 무뚝뚝하기는 하지만 강력한 지력을 다 발휘하면서 데카르트는 '자신이 건설한' 왕국에 이르는 열쇠를 당신에게 건네준다.

'먼저 점이 나타난다.'

유클리드 평면 위의 점은 좌표계의 축에 표시된 두 수로 표시될 수 있다. 두 수를 x와 y라 하자. 두 수는 그 점의 좌표이다. 각 수는 x축과 y축의 거리를 나타낸다. 점 자체는 두 직선의 교차점에 있다. 한 직선은 x축에서 부터 수직으로 이동하고, 또 한 직선은 y축에서부터 수평으로 이동한다.

'다음으로 거리가 나타난다.'

A, B가 평면 위의 두 점이고 그 좌표가 각각 (x_1, y_1), (x_2, y_2)라 하면 두 점 사이의 거리는

$$D(A, B) = \sqrt{(x_2 - x_1)^2 + (y_2 - y_1)^2}$$

이다. 이 공식은 피타고라스 정리에서 나왔기 때문에 새로워진 우정의 기쁨을 맛보게 해 줄 것이다. 이 공식에 제곱이 쓰인 이유는 음수를 제거하는 데 있다. x와 y의 아래 첨자는 표기를 간명하게 하기 위한 도구이다.

수와 점, 거리 공식이 주어졌다. 이제 기하학적 개체들이 밝혀지는 대드라마가 펼쳐진다. 점이 한 쌍의 수와 대응한다면 점보다 복잡한 기하학적 모양(선과 곡선)이 쌍으로 이루어진 숫자보다 복잡한 수학적 개체에 대응하지 말라는 법은 없다. 그 결과 수학자가 한 단계 한 단계 높이 올라갈수록 기하학적 세계는 수의 세계와 일치하게 된다.

'이제 직선이 등장한다.'

유클리드 평면 위의 직선은 그저 직선에 지나지 않는다. 주소도 없고 다른 직선과 구별하는 방법도 없다. 그런 직선이 여기저기 수천 개나 있다. 그러나 데카르트 좌표계가 주어지면 속수무책의 직선들이 정해진 아이덴티티를 획득하여 자신을 명료하게 나타낸다. (그러려면) 다시 두 수가 필

요하다. 첫 번째 수는 선이 좌표계의 축들과 이루는 경사각, 즉 기울기를 나타내는 방식을 나타낸다. 이것은 $m = (y_2-y_1)/(x_2-x_1)$이라는 비로 나타낼 수 있다. 두 번째 수(흔히 b로 나타낸다)는 직선이 y축과 교차하는 곳을 나타내고, 교차점을 의미한다. 이 기호들은 결합하여 미지수가 두 개인 간단한 방정식 $y = mx + b$를 구성한다. 수학자가 x의 값을 따라 가면 y의 값은 방정식의 좌변에서 저절로 나온다. 선('우리가 말하는' 이 선은) $y = mx + b$를 충족시키는 모든 점 x와 y로 이루어진다. 선은 이제 정해졌고, 그 아이덴티티는 확고하다. 그것은 '그' 선이고 다른 선이 아니다.

두 변수(16세기 말로는 '부정수') x와 y로 된 방정식은 곡선을 이루는 점들의 자취에 대응한다. 이것이 해석기하학의 주요한 수학적 개념이다. 데카르트는 이 개념이 중요함을 알면서도 호들갑을 떨지 않았다. 평면상의 곡선이라고? 곡선의 자취라고? 데카르트는 "그런 모든 경우에 미지수가 두 개인 방정식을 얻을 수 있다"라고 썼다. 그리고 나서 데카르트는 얼굴을 찡그리며 그리스의 기하학자 파푸스Pappus가 처음 내놓은 어려운 문제에 몰두했다. 제안된 대로 평면상의 곡선들과 여러 가지 방정식들을 서로 일치시키는 것은 불완전하게 실현되기는 했지만 어쨌든 데카르트가 실현한, 미묘하고도 난해한 업적이었다.

수학자들은 16세기에 벌써 매개변수와 변수를 구별했다. 매개변수는 일정하고, 변수는 변한다. 직선의 방정식에서 m과 b는 특정한 수를 의미한다. 이 수는 변하지 않는다. 이 수는 자신의 땅을 고수한다. 이 수가 '어떤' 수가 되느냐는 것은 그다지 중요하지 않다. 그러나 변수 x와 y는 같은 하나의 방정식에서 다른 값을 취한다. 변수는 영어의 대명사 같은 기능을 한다.

데카르트는, 무의식적으로 그랬겠지만, 방정식과 유클리드 평면 위의 '곡선' 사이의 대응이 방정식의 형태, 변수, 매개변수 사이의 복잡한 작용에 달려 있음을 알았다. 이것은 새로운 땅이다. 낯익은 유클리드의 많은 형상들이 좌표계의 열쇠(복음서가 '에프슈토르프 마파문디'에 열쇠를 제공한 것처럼)인 대수학의 증류기에 의해 평면 '너머'로부터 자신이 통제된다는 것을 발견한다. 1차방정식의 일반형은 $Ax + By + C = 0$이다. 이 방정식에는 변수가 x, y 두 개 있고, 일정 기간 동안 일시적으로 작용하는 매개변수가 A, B, C 세 개 있다. 방정식은 수학의 두 가지 연산, 즉 더하기와 곱하기로 이루어져 있다. 방정식의 좌변에서 이런 연산을 하고 나면 결과는(방정식 자체가 보여 주는 것처럼) 0이 된다. 이것은 수학에서, 인생에서도 마찬가지지만, 결과가 0이 되는 경우가 더러 있다는 놀라운 증거이다. 수학자들은 이 특수방정식을 직선의 일반방정식 또는 '선형'방정식이라 한다. '선형' 또는 '직선적'이라는 말은 정치학자와 사회학자가 좋지 못한 쪽으로 널리 쓰고 있고, 낭만적인 상담 전문가는 고객들에게 인간관계에서 직선적인 생각을 피하라고 충고할 때 흔히 쓴다. 어떠한 상징과 정확히 관련된 이 말의 진정한 의미는 여기에 있다. 직선은 곧고, 직선을 나타낸 방정식은 선형이다. 낭만은 이것과 아무런 관련이 없다.

어떤 직선이든지 간에 거리 공식은, 평면 위의 원이 중심 C에서 같은 거리 R에 있는 점의 집합으로 이루어지는 한, 원을 지배하는 방정식을 끌어내는 데 사용될 수 있다. C의 좌표가 a와 b일 때 거리 공식을 단순히 적용하면 원의 반지름 R는 $(x-a)^2 + (y-b)^2$의 제곱근이고, 원은 기호의 우리

속에 갇힌다.

1차방정식이 평면 위의 직선을 지배한다면 2차방정식은 더욱 감각적인 곡선 몇 개를 다룬다. 포물선 방정식은 $y = ax^2 + bx + c$이고, 타원 방정식은 $x^2/a^2 + y^2/b^2 = 1$이고, 쌍곡선 방정식은 $x^2/a^2 - y^2/b^2 = 1$이다.

이들 방정식은 하나의 2차방정식 $Ax^2 + Bxy + Cy^2 + Dx + Ey + F = 0$으로 통합될 수 있다. 이 방정식에는 x, y라는 변수가 두 개 있고, A, B, C, D, E, F라는 매개변수가 여섯 개 있다. 방정식은 x와 y에서 2차이다.

더욱 주목할 만한 지도 제작 가능성이 열려 있다. 기하학에서 원뿔은, 모양 그대로, 유명한 3차원 형상이다. 그리스인들은 원뿔을 다양한 방법으로 얇게 자름으로써 여러 가지 2차원적인 유클리드의 점, 선, 곡선을 원뿔 자체에서 끌어낼 수 있음을 발견하고 만족해했다. 오랫동안 고등학교 기하학의 주요 내용을 이루어 온 원뿔 곡선은 이런 것이다.

데카르트는 일반 2차방정식이 원뿔 곡선과 대응한다고 보았다. 더 나아가서 $Ax^2 + Bxy + Cy^2 + Dx + Ey + F = 0$은

1. $B^2 - 4AC = 0$이면 포물선을 나타내고,
2. $B^2 - 4AC < 0$이면 타원형을 나타내고,
3. $B^2 - 4AC > 0$이면 쌍곡선을 나타낸다.

$B^2 - 4AC$는 이 방정식의 판별식이다. 이것은 데카르트 좌표계의 축이 어떻게 회전하든지 간에 같다. 그래서 이것은 현대 수학의 최초의 위대한 불변식을 구성한다.

방정식 $Ax^2 + Bxy + Cy^2 + Dx + Ey + F = 0$은 여러 해 전에 중유럽에서 출간된 어떤 책에 첨부되곤 했던 '에브리맨Everyman*' 로고를 닮았다. 이것은 뭔가 뒤덮여 뚜렷하지 않게 생겼고 질질 끈 발자취 같은 모양을 하고 있다. 그런 로고같이 생긴 저 수학 방정식이 '일반적으로' 평면 곡선과 연관이 있으리라는 사실은 쉽게 느낄 수 있다. 그러나 수학자의 눈이 아니고는 변수와 매개변수의 뒤범벅 속에서 포물선, 쌍곡선, 타원형 같은 특수화되고 개별화된 평면 곡선에 연관된 것을 보기는 어렵다. 그 대응을 통제하는 방정식 $B^2 - 4AC$의 판별식은 방정식 자체에 나와 있지는 않다. 그래서 거트루드 스타인Gertrude Stein을 그린 피카소가 평범한 여자에게서 개성적인 여자의 초상화를 그려 낼 수 있었던 것처럼 수학자는 숨겨진 기호 속에서 나중에야 나타나는 수학적 실체의 출현 가능성과 조건을 볼 수 있다.

이런 면에서 데카르트의 정리는 지적 정교함을 달성한다. 그의 정리는 시선을 오래도록 머물게 하고, 수학적 대상에 대해 말할 수 있는 것이 대상 자체보다 더 흥미로움을 보여 준다. 미술 작품을 감상할 때 아마추어는 그림만 보지만, 전문가는 '필법'까지 본다.

해석기하학은 17세기에 크게 발전했다. 발전 방향은 데카르트의 『기하학』에 이미 제시되었지만, 제라르 데자르그Gérard Desargues, 피에르 드 페르마, 블레즈 파스칼Blaise Pascal의 저서에서도 싹은 트고 있었다. 2차원 해석

---

* 보통 사람이라는 뜻이기도 하고 출판사 이름이기도 하다.

기하학은 남근 모양의 줄기처럼 면에서 솟아오른 세 번째 좌표축만 있으면 3차원 해석기하학으로 쉽게 올라간다.

공간 안의 구조물과 방정식 사이의 일치는 바로 차원의 사슬을 타고 올라간다. 예를 들면 4차방정식 $V = x^2y + y^4/4$는 3차원 공간에서 물결치는 표면을 나타낸다.

해석기하학은 필요하면 4차원에서도 행해질 수 있다. 그 결과는 눈으로 쉽게 볼 수 없지만(솔직히 말해 전혀 눈으로 볼 수 없다) 해석은 거의 같다.

앤드루 와일즈는 페르마의 추측을 증명할 때 여러 가지 도구를 사용했지만, 증명의 핵심에는 데카르트에게 연결된 오솔길이 있었다. 그가 증명에 성공한 것은 타원 '방정식'과 모듈러 '형식'에 관한 명제인 타니야마-시무라Taniyama-Shimura 가설이 있었기 때문이다. 아주 복잡한 공식에서 드러난 것은 평면 위의 여러 곡선과 판별식의 형식 사이에 나 있는, 덤불로 뒤덮인 오래된 길이었다.

한 방향으로 크게 발전한 해석기하학은 다른 방향으로도 크게 발전했다. 바바리아의 포병장교는 무거운 대포로 포탄을 발사하면 어떻게 되는지 잘 알고 있었다. 포탄은 올라갔다가 떨어진다. 포탄이 그리는 포물선 호는 무시무시한 큰 구덩이에서 끝난다. 흔히 사용되는 대포용 표는 포탄의 궤도를 계산하는 데 필요한 대략적인 규칙을 제공했다. 움직이는 포탄은 움직이는 점이다. '그렇지 않다'고? 포탄의 궤도는 곡선이다. '또 그렇지 않다'고? 곡선 중에서도 포물선이다. '또 그렇지 않다'고? 다 맞는 말이다. 그러나 포물선은 모양이 특수하다. 포물선은 특정한 방정식을 충족시키는 모든 점들로 이루어진다. 공간상의 포탄 궤도는 이 방정식으로 '완전히' 설명될 수 있다. 이 방정식은 차례로 점을 낳고, 모인 점들은 곡선을 낳고, 곡선은 궤도를 낳는다. 공간상의 형태는 해석적 공식을 낳는다. 이런 통찰력으로 거대하고 광범한 프로젝트에 도전하는 첫 걸음이 내디뎌졌다. 결국 온갖 형태의 연속 운동, 포탄, '그리고' 밤하늘의 행성의 회전을 수로 이루어진 장치의 통제 아래 두는 프로젝트 말이다.

피타고라스는 수를 만물의 근원이라고 하지 않았던가?

수가 만물의 근원이라는 사실은 처음부터 당연한 것이었던가?

데카르트가 인정 많은 행동을 하는 것을 본 사람은 없다. 데카르트는 동물을 좋아하지도 않았고, 아이를 좋아하지도 않았다. 많은 수학자들은 이런 점이 데카르트에게 유리하게 작용했음을 깨닫게 될 것이다. 데카르트가 몹시 사랑한 사생아 딸은 성년이 되자 죽었다. 데카르트가 죽은 딸을 본뜬 자동인형을 만들어 유럽 곳곳에 가지고 다녔고 호텔 방에 이 자동인형을 세워 두고는 애지중지했다는 이상한 이야기가 떠돌았다. 알베르투스 마그누스에게도 이와 비슷한 이야기가 전해지고, 토마스 아퀴나스는 비분강개하면서 '자신의' 자동인형을 부쉈다는 이야기가 전해진다. 딸을 잃은 슬픔 때문인지는 몰라도 데카르트는 결혼도 하지 않았고, 여자들에게 무관심했다. 그의 태도는 쌀쌀맞았고, 마음은 차가웠다.

1628년 데카르트는 학문과 예술이 만개하고 이단에 관대했던 네덜란드로 이주했다. 종교재판소가 온갖 그럴듯한 구실을 붙여 갈릴레오(갈릴레오는 자신의 사상을 혼자 안고 있지 못했다)를 가택에 연금했다는 소식을 듣고 데카르트는 교회의 적의를 불러일으키거나 철학적 반대를 불러일으킬지도 모르는 사견을 혼자 안고 있기로 결심했다. 1641년 데카르트는『제1성찰*Meditationes De Prima Philosophia*』을 출간했다. 이 책은 출간 즉시 철학도들에게 퍼졌다. 읽기는 쉬우나 이해하기는 어렵다는 텍스트로서의 장점이 있어서 이 책은 학생과 교사를 모두 만족시켰다. 3년 뒤 출간된『철학 원리*Principia Philosophiae*』에는 데카르트의 무르익은 철학이 거의 다 들어 있다. 예언적 저서인『철학 원리』는 사물을 지배하는 힘만으로 우주를 설명하려는 야심 찬 시도를 보여 주었다. 데카르트는 작용은 한 물체가 다른 물체에 부딪힐 때처럼 접촉을 필요로 하고 따라서 먼 거리의 작용은 불가능하다고 생각했다. 데카르트의 생각이 맞다면 세계는 물체로 가득 차 있거나 물체를 서로 접촉하게 하는 구조물로 가득 차 있어야 한다. 데카르트는 이것을 우주 물질의 와동渦動이라고 했다. 데카르트의 견해에 따르면 이 와동이야말로 필요한 접촉을 가져다주는 것이었다. 이런 와동의 효과는, 크게 보면, 실수로 떨어뜨린 비누 조각을 배수구 쪽으로 빨아들이는 나선형 격류의 욕조 물과 닮았다. 뉴턴은 비상한 천재적 능력으로 데카르트 물리학을 파괴했다. 뉴턴은 먼 거리의 작용에 대한 데카르트의 생각에는 손도 대지 않았다. 그는 경멸적인 콧방귀를 뀌며 데카르트의 와동을 해체하고, 이것을 먼 거리에서뿐만 아니라 공간 전체를 통해 작용하는 만유인력으로 대체했다.

1649년 쉰넷의 데카르트는 능력의 절정기에 있었다. 데카르트의 능력을 전해들은 스웨덴의 크리스티나 여왕은 왕실 가정교사 자리를 제의하면서 데카르트를 불러들였다. 여왕은 후안무치한 아첨으로 데카르트의 마음을 사로잡았을 것이다. 데카르트는 스톡홀름으로 갔다. 거기서 그는 작달막한 젊은 여왕(아마존 여인 같은)이 아침 일찍 강의해 주기를 바란다는 것을 알고 실망했다. 그러나 여왕의 말에 복종하지 않을 수 없었다. 데카르트는 왕실의 명령으로 자신의 욕심을 접어 두고 매일같이 따뜻한 침대를 떨치고 나와 스웨덴의 새벽길을 터벅터벅 걸어야 했다. 그러다가 결국 감기에 걸렸고 증상이 악화되어 죽고 말았다.

4.

미적분

이제 사상사에서 '꽝' 하는 소리가 터진다. 수학은 미적분이 발견되기 전에는 매우 흥미 있는 분야였고, 미적분이 발견된 뒤에는 대단한 힘을 지닌 분야가 되었다. 20세기에 알고리즘algorithm이 등장하여 미적분에 필적할 만한 수학적 개념이 나타났다. 미적분과 알고리즘은 서양 과학의 주요한 두 개념이었다.

정의, 정리, 증명이라는 수학의 엄격한 범위에서 미적분은 기본적인 정리의 정점에 달했다. 미적분의 정리는 다른 위대한 정리 같은 역할을 하고, 구별되는 것으로 생각되는 두 사물이 깊이 연관되었음을 보여 준다. 미적분은 물리학에 없어서는 안 될 도구이고, 물리학은 예외 없이 미적분이 세운 지적 모델을 따랐다. 미적분은 물리학 방법론의 정수이다. 이것은 수학이 수학의 문제로 끝나지 않음과 수학의 정리가 단순히 수학자의 마음에 대한 진술이 아님을 암시한다(그렇지 않은가?). 미적분의 정리는 살아 있는 진리를 반영한다.

미적분은 연속적인 변화(순조롭게 움직여 멈추지도 않고 자신을 방해하지도 않고 시간과 공간의 틈을 뛰어넘지도 않는 과정)를 다루는 이론이다. 자연에서 볼 수 있는 가장 좋은 연속 과정의 예는 밤하늘의 행성 운동이다. 행성은 쉬지 않고 타원 궤도로 태양을 돈다. 사람의 의식도 연속적이다. 의식은 경험을 여러 개별적 양상으로 나누고 그것들을 어떤 내재적 통일성의 형태로 재정립한다. 이런 과정은, 이해하기 쉽지 않지만, 연속적이라고 부를 수밖에 없다.

많은 수학자(질 페르손 드 로베르발Gilles Personne de Roberval, 피에르 드 페르마, 아이작 배로Issac Barrow, 보나벤투라 카발리에리Bonaventura Cavalieri, 존 월리스John Wallis)가 미적분 발전에 기여했다. 이들 수학자에게는 미적분의 모든 것을 이루었다고 옹호하는 당대의 학자들이 있었다. 그러나 고트프리트 라이프니츠 Gottfried Leibniz와 뉴턴이야말로 큰 변화와 변화 사이에서 두 번째 변화를 선도한 것과 밀접하게 관련된 사람이었다. 17세기 후반, 1680년대쯤이었을까?

뉴턴과 라이프니츠가 위대한 개척자의 만신전萬神殿에 들어간 것은 오래되었다. 커다란 두 마리 북극곰처럼 두 사람은 시간의 동토에 영원히 얼어붙어 있다. 아인슈타인은 뉴턴을 기념하는 자리에서 "뉴턴은 혼자서 굳세게 우리 앞에 서 있다"라고 했다. 이 말은 정곡을 찌른 말로서 뉴턴의 신화적인 면과 인간적인 면을 잘 나타낸다. 라이프니츠는 혼자서 말없이 서 있었다고 생각하기 어렵다. 라이프니츠는 사람들과 어울리기 좋아해서 마차를 몰고 유럽에서 돌아다니지 않은 데가 없었고, 600명이 넘는 사람(그중에는 중국인도 있다)들과 서신을 주고받았기 때문이다. 라이프니츠는 원래 말이 많은 사람이었고, 끊임없이 흘러넘치는 사상을 주고받지 않고는 배기지 못하는 사람이었다. 라이프니츠는 다재다능했다. 재능 하나

하나가 모두 뛰어났고, 그 재능들이 쌓여 발하는 빛은 거대하게 맥동하는 뉴턴이라는 단 하나의 태양에 필적할 만했다.

물체는(공이든, 총알이든, 발레리나든 간에) 운동한다. 물체는 공중으로 솟았다가 정점에 달한 뒤 떨어진다. 여기에 추상화와 이상화가 작용한다. 비로소 운동 중인 물체가 벌거벗겨졌다. 중량, 무게, 질량, 색깔, 파트너가 스포트라이트만 쫓아다닌다는 불평은 버려지고, 요리조리 움직이는 발레리나는 자신의 본질, 즉 위치 변화로 대체된다.

위치 변화는 수학적 감수분열에 의해 거리의 변화'와' 시간의 변화로 나누어진다. 이 분할로 발레리나가 그리는 호는 낯익은 수학적 개념의 범위에 놓인다. 거리와 시간은 '수'로 나타낼 수 있고, 데카르트 좌표계의 축에 그릴 수 있기 때문이다. 시간은 오른쪽으로, 거리는 위쪽으로 나타낼 수 있다. 순전히 말로 묘사된 발레리나의 궤적('웅크린다, 뛰어오른다, 위로, 아래로')은 거리가 시간의 '함수'로 나타내어지는 수학적 표현으로 바뀐다. 1638년 갈릴레오는 자유롭게 낙하하는 물체의 경우에 거리는 경과된 시간의 제곱에 비례한다는 것, 즉 $16t^2$임을 분명히 밝혔다. 거리와 시간의 관계는 좌표계에 그려진 곡선으로 자연스럽게 나타내어진다. 한쪽 축을 따라 나아가는 시간이 있고, 다른 쪽 축을 따라 올라가는 거리가 있다. 시간과 거리의 관계를 그려 보면 곡선이 나온다. 이것은 실세계의 발레리나를 그 본질 가운데 하나로 대치해서 표현한 것이다.

거리와 시간이 주어지면 속도('분명히' 말하지만 속도다)도 주어진다. 속도는 경과된 거리와 경과된 시간(물체가 얼마나 멀리 갔고 물체가 거기에 도달하는 데 시간이 얼마나 걸렸는가)의 비이기 때문이다. 파트너의 손을 벗어나 발레리나가 솟구쳐 오른다. 한껏 솟구쳐 올랐다가 속도를 줄이고 공중에서 빙돈다. 그러고는 파트너의 발끝에 내릴 때까지 가쁜 숨을 몰아쉬며 또 속도를 높인다. 발레리나의 속도는 점프 과정 중에 계속 바뀐다. 그러나 속도를 경과된 시간에 대한 경과된 거리의 비로 정의하면 '평균' 속도를 나타낼 수 있다. 그 이상의 정보는 제공하지 않는다.

특정한 순간의 발레리나의 속도, 다시 말해 '순간' 속도나 '현재' 속도를 알고 싶을 때 미적분이 요구된다. 이 요구는 문제를 흐리는 혼란을 야기할 수밖에 없고, 실제로 자주 혼란이 야기된다. 어떤 주어진 순간('정확히 그 순간')에 발레리나는 어디로도 가지 않고 따라서 가는 데 시간도 걸리지 않는다. 이때 시간에 대한 거리의 비는 0/0이다. 이 표현은 수학적으로 무의미하다. 이것은 발레리나가 전혀 움직이지 않았음을 뜻한다. 이것은 발레리나가 특정한 순간에 전혀 움직이지 않는다면 착지는 어떻게 하는가, 라는 점에서 수학자들이 이 주장을 거부해야 함을 의미한다.

『자연철학의 수학적 원리』의 '첫 번째 비와 마지막 비의 성질'이란 제목의 장에서 뉴턴은 이런 주장에 이의를 제기하고, 자신의 천재성을 한껏 과시하면서 이를 논증했다. 운동 중인 물체가 주어진 시간에 식별할 수 있는 속도가 없다면 "같은 논증에 따르면 어떤 위치에 도달해서 멈추는 물체는 최종 속도가 없다는 주장이 나오게 된다. 물체가 어떤 위치에 도달하기 전의 속도는 최종 속도가 아니고, 물체가 어떤 위치에 도달하면 아무 속도도 없기 때문이다"라고 했다. 뉴턴은 이것이 불합리하다고 했다.

실제로 그것은 불합리했다.

뉴턴이 이 책을 인쇄업자에게 보내기 3년 전인 1684년 라이프니츠는 『학술기요Acta Eruditorum』 3권에 「극대치와 극소치를 구하는 새로운 방법 Nova Methodus pro Maxima et Minimus」이라는 논문을 발표했다. 그때 39세였던 라이프니츠는 유럽의 당당한 지성인이었다. 어릴 때 신동이란 소리를 들은 라이프니츠는 커서 대학자가 되었고, 철학, 수학, 그 밖의 여러 분야에 정통했다. 미적분 문제는 50년 넘게 유럽의 하늘을 떠돌았지만, 흩어진 조각구름처럼 뭉쳐서 소나기구름이 되기를 완강히 거부했다. 라이프니츠는 1670년대 초에 이 조각구름을 감지했다. 당시의 그의 논문들은 저자가 대단한 수학적 능력을 지닌 사람임을 보여 주었다. 그러나 이런 라이프니츠조차도, 유감스러운 일이지만, 정체를 알 수 없는 어떤 경향만 발견했을 뿐이었다. 1674년 라이프니츠는 아모스 데톤빌Amos Dettonville(블레이즈 파스칼의 필명)이라는 수학자가 보낸 편지가 이 조각구름을 모아 소나기구름이 되게 했다고 말했다. 라이프니츠는 숙고할 시간이 필요했다. 마침내 '새로운 방법'이 소나기구름을 폭발시켰다.

'새로운 방법'을 쓴 라이프니츠는 거리나 속도를 직접 다루지는 않았다. 라이프니츠는 '곡률'에 관심 있었다. 시간은 당분간 무시해도 좋았다. 발레리나는 무대 옆에서 숨을 헐떡이게 내버려 두자. 곡률은 선이 굽은

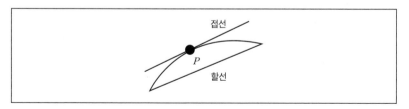

그림 4.1

정도를 말한다. 굽는다는 것은 곡선을 둘로 잘랐을 때 두 점 사이에 현수교를 만드는 직선의 기울기처럼 간단한 것으로 멋지게 표현될 수 있는 곡선의 성질이다. 평면기하학에서 말하는 할선割線이 바로 이것이다. 할선의 기울기는 한 축의 변화에 수반되는 다른 축의 변화의 크기를 의미한다(그림 4.1).

할선의 기울기는 같은 곡선을 따라 움직이는 하나의 입자의 평균속도를 나타내는 데 사용될 수'도' 있다. 사실상 할선의 기울기는 바로 평균속도이고, 수로 나타낼 수 있다.

속도('웅크린다, 뛰어오른다, 위로, 아래로')와 곡률('굽은 것')은 같은 것이다. 둘 사이의 연관성을 알겠는지? 물론, 그 정도는 알아야 한다.

속도의 수수께끼는 곡률의 수수께끼임도 알아야 한다. 할선이라는 현수교가 두 점 사이의 곡률을 대충 측정한다면 이 현수교는 어떤 점'에서의' 곡률, 즉 구부러진 모양이 '바로 거기에서' 어떤 식으로 변형되어 취해지는지에 관해서는 아무 말도 하지 않는다(어떻게 말할 수 있겠는가?). 그럼에도 할선은, 할선이 곧은 한, 곧다는 것의 중요성을 충분히 암시한다. 물론 문제는 '어떤' 직선이 곧은 상태로 굽은 상태에 대한 어떤 정보를 나타내는가 하는 것이다. 올바른 연관성을 모두 지닌 후보자는 문제의 점 '바로 거기'에서 곡선과 만나는 직선이다. 이것이 접선이다.

특정한 점에서 곡선과 마주치는 접선은 곡선과 좌표를 공유한다. 곡선과 접선은 서로 접촉함으로써 각각 분리된 자신을 없앤다. 라이프니츠는 데카르트를 읽었다.

라이프니츠는 직선은 방정식 $y = mx + b$에 지배됨을 알았고, 접선을 해석적으로 완전히 고정시키는 데 필요한 세 변수 가운데 두 개(x와 y)를 가지고 있었다. 라이프니츠가 가지지 '못한' 것은 세 번째 변수, 즉 접선의 '기울기'였다.

라이프니츠가 접선의 기울기를 가지게 되었을 때 꽝! 꽝! 하고 미적분이 태어났다.

수학에는 헷갈리고 이해하기 힘든 부분이 있다. 필자는 그것을 '이상한 이론'이라고 부르고자 한다. 예를 들면 무한소란 것이 있다. 어떤 주어진 수보다 작으면서도 0보다 큰 수가 무한소이다. 무한소는 아무리 많이 더해도 주어진 수보다 작다. 미적분이 발견되기 2,000년도 더 전에 그리스 수학자 아르키메데스는 무한소를 배척했다. 그의 금령은 아르키메데스의 공리라고 알려졌다. '어떤' 주어진 수보다 작으면서도 0보다 큰 수가 상식을 해치지 않으면서도 상식에 어긋나는 이유를 설명하기란 쉽지 않다. 라이프니츠는 곡률을 설명하려고 '이상한' 이론인 무한소를 이용했다.

직선(할선은 분명히 직선이다)의 기울기는 유한한 거리의 비를 나타낸다. 라이프니츠는 비의 개념을 자기 것으로 만들었다. 그러나 이런 차이점이 있다. 라이프니츠는 어떤 점에서의 '접선'의 기울기는 좌표계의 축을 따른 '무한히 작은' 거리의 비를 나타낸다고 했다. 라이프니츠는 무한히 작은 이 거리를 dx, dv, dy 같은 기호로 나타냈다. d는 변수가 무한히 작은 것으로 줄어듦을 나타내고, x, v, y는 줄어든 변수를 가리킨다. 어떤 무한소와 다른 무한소의 비, 즉 접선의 기울기는 dy/dx이다. 이 공식은 이제 수학에서 유명해졌다. 라이프니츠는 "'접선'을 구함은 곡선 위의 '무한히 작은' 거리에 있는 두 점을 연결하는 선을 그린다는 것을 말한다는 것만 명심하면 된다"라고 했다.

라이프니츠가 거만한 프랑스인 친구들에게 내가 설명하는 것처럼 써 보냈는지는 모르지만, 포물선 $y = x^2$을 한번 생각해 보자. 포물선은 x가 음수이면 좌표계의 한쪽으로 내려가고, $x = 0$이면 원점에 접하고, x가 양수이면 좌표계의 다른 쪽으로 올라간다. 평면 위의 어딘가에서 이미 변한 포물선은 $x = 2$, $y = 4$인 점에서도 변한다.

'아', 그렇지만 '어떻게' 변하는가? 얼마나 '정확하게' 변하는가?

지성미 넘치는 큰 코, 잘생긴 얼굴에다 화려한 가발을 어깨에 늘어뜨린 라이프니츠는 $x = 2$, $y = 4$인 점에서 곡선의 접선의 기울기를 정하려고 함을 우리에게 상기시킨다. 라이프니츠가 하는 짓은 어떻게 보면 미친 것 같기도 하고, 마술 같기도 했다. 그러나 그것이야말로 대단한 것'이었다.'

비는 상부와 하부라는 두 부분이 있다.

'하부.' 2에서 시작하여 x축을 따라 무한히 작은 거리 dx를 가라. x축의 무한히 작은 변화는 $(2 + dx) - 2$이다.

'상부.' 하부의 각 항을 제곱하라. 그러면 $(2 + dx)^2 - 2^2$이 나온다.

'자, 이렇게 된다.' $(2 + dx)(2 + dx) = 4 + 4dx + dx^2$.

'중간의 몇 단계는 생략한다.'

'상부 대 하부.' $(4dx + dx^2)/dx$.

'나누어라.' $4 + dx$

'마술.' 마지막 줄에서 결국 무한소밖에 안 되는 dx를 빼라. 그러면 4가

정답이다.

'수학.' 공교롭게도 그것은 접선의 기울기이고, 바로 그 점에서의 그 곡선의 곡률에 해당된다. 곡선의 형태와 속도가 수로 표현된 것이다.

'박수.'

작아서 보이지는 않지만 계산할 수 있는 것으로서 무한소의 논리적 지위가 어떤 것이든 간에 라이프니츠는 무한소의 개념을 도입하여 곡선을 연구함으로써 특정한 점에서의 곡선의 비밀을 알아냈다. 그의 성공은 부분적인 것이었고, 한 점만 커버하는 것이었다. 무엇보다도 '새로운 방법'은 특수한 계산을 일반 미적분에로 변환시키려는 라이프니츠의 시도 기록이다. 그것은 거의 기계적인 추론 도식이다. 라이프니츠는 그런 도식이 없으면 계산의 양이 많아지는 경향이 있음을 알았다. 데카르트에게는 그런 계산이 벌써 따분한 것이 되었다. '자신의' 미적분을 알고 있던 라이프니츠는 "그런 계산은 쉽게 연구될 수 있다"라고 흡족한 표정으로 말했다.

연구하기는 쉽다 해도 설명하기는 어려웠다. 1684년 라이프니츠가 책을 쓸 때에는 이 개념이 없었다. 이 개념은 1695년이 되어서야 생겼다. 그것은 수학적 함수의 개념이다. 함수는 수와 더불어 수학에서 가장 중요한 대상이다. 라이프니츠가 함수를 명확하게 그리고 포괄적으로 이해하기 어렵다는 것을 안 사실로 미루어 짐작할 수 있듯이 함수는 지적으로 이해하기 힘든 것이다. 말로 대강 설명하기는 쉽다. 함수는 관계이고, 좌표의 도식이고, 관심을 어떤 수에서 다른 수로 돌리는 것이다. 또한 함수는 룰이고, 규칙이고, 계획이다. 예를 들면 어떤 수를 '취하여' 그것을 '제곱하는' 이중의 연산이 있다. 1은 1, 2는 4, 3은 9가 된다. 이런 정신 활동에 관련된 에너지가 무한히 계속되지 못하게 방해하는 것은 전혀 없다. 이 함수로 획득되는 특수한 뜻의 전달을 수학자들은 $f(1) = 1, f(2) = 4, f(3) = 9$로 나타낸다. 로마자 f는 숫자에 다가가서 그 숫자를 그 제곱수에로 보낸다. $f(1) = 1, f(2) = 4, f(3) = 9$ 외에 $f(x) = x^2$이라고 나타낼 수도 있다. 이것은 일반적으로 어떤 수를 제곱함을 나타내고, 제곱하는 수의 작용을 기호로 보여 준다.

이 표기법은 초보적 수학 활동을 모두 포함한다.

필자가 대략 설명한 것이나 예를 들어 설명한 것은 정말로 필요한 것, 즉 완전한 지적 명료함을 가져다주지는 못한다. 라이프니츠가 정확히 알 수 없었던 개념들을 탐구하려고 정확히 정의할 수 없었던 하나의 개념을 사용했던 17세기 말엽도 사정은 마찬가지였다.

2세기가 지난 후 게오르크 칸토어Georg Cantor는 라이프니츠가 1684년에 사용하지 못한 말을 발견할 수 있었다. 그동안 수학자들은 개념을 제대로 파악하지 못한 채 여러 가지 함수를 계속 사용했다. 따라서 이하의 내용은 시대에 따라 설명하는 것은 아니다. 필자는 라이프니츠가 생각하기를 원했으리라 상상되는 방식으로(곧 역사적으로 나중에 얻어진 개념들을 이용해서) 그가 생각한 것들을 설명하려 한다. 이렇게 하면 그가 설명하기 쉬울 거라고 믿었던 계산들이, 예상과는 정반대로, (실제로) 설명하기 쉬워진다.

이제 유명한 공식들이 등장한다. 이들이 작은 계산 기계들이라는 점 때문에 공식이라 말한 것이고, 지금도 사용된다는 점에서 유명하다고 한 것이다. (앞에서) 함수 $f(x) = x^2$은 $x = 2$일 때 끼익 소리 내며 섰다. 라이프니츠는 '그곳($x = 2$)'에서의 곡률이 4로 나타내질 수 있음을 결정하려고 마술을 사용했었다. 이 수는 바로 그 점에서의 곡선의 접선의 기울기를 나타낸다. 라이프니츠는 이제 포물선 위의 단 한 점뿐만 아니라 '모든' 점에 대한 곡률 문제를 해결했다. 함수 $f(x) = x^2$으로 시작하여 라이프니츠는 x가 무엇이든 간에 모든 점의 곡률(또는 속도)은 '다른' 함수로 설명될 수 있다고 확신했고, 그래서 수 사이의 연관성이 아니라 함수 사이의 한 차원 높은 연관성을 확립했다. 그 다른 함수는 $g(x) = 2x$이다. 예상한 것처럼 $x = 2$일 때 $g(x)$는 4이다. 이것은 단순한 계산상의 트릭이 아니다. 이보다 50년도 더 전에 갈릴레오는 낙하하는 물체의 경우 거리는 낙하 시간의 제곱에 비례함을 증명했다. 이것은 앞에서 이야기했다. '함수'가 작용하고 있음은 명백하다. 이 함수는 기록된 시간의 마지막 순간까지 모든 순간에 대해 거리를 나타내는 수를 돌려주는 함수이다. 그 함수는 $f(t) = 16t^2$이다. 이 공식에서 변수 x는 사라지고, 그 대신 '시간(time)'을 뜻한다는 것을 보여 주려고 변수 t가 쓰였다. 곡률과 속도 사이의 관계를 보아왔기 때문에 이제 갈릴레오의 공식을 우리 것으로 할 수 있고, $g(t) = 32t$라는 함수로 '거리'에서 속도를 되살릴 수 있다. 이 함수는 '모든 각 순간에서의 속도'를 나타낸다. 거리를 나타내는 함수와 마찬가지로 속도를 나타내는 이 함수도 좌표계의 축에 표시될 수 있다. 그 결과 거리와 속도는 시각적인 모습을 가지고, 곡선의 세계에서 어떤 위치를, 사물의 세계에서 어떤 위치를 가진다.

방금 말한 이 과정은, 수학적으로 사소한 것이라 할지라도, 17세기 후반에야 인류에게 알려졌다. 이 과정이 드러나는 데는 천재의 눈이 필요했다. 이런 계산법(유명한 공식, 계산상의 트릭, 뚫어지게 바라보는 예언자의 눈)을 미분이라고 한다. 함수와 도함수 공식들은 리스트를 이루어 모든 미적분 교과서의 속표지에서 발견된다. 그곳에는 라이프니츠의 고귀한 천재성이 스며들어 있다.

미분은 오래된 수학 계산 과정인 빼기, 나누기와 관련 있고, 17세기 후반의 어떤 손재주와 관련이 있다. 그러나 빼기와 나누기는 수학의 위대한 기본적인 연산 네 개 중의 두 개에 지나지 않는다. 더하기와 곱하기도 있다. 다른 것은 제쳐두고 대칭의 관점에서 보면, 미분이 앞쪽으로 하나의 함수에서 그 도함수로 나아가는 과정이라면 역으로 하나의 도함수가 함수로 나아갈 수도 있으리라 짐작할 수 있을 것이다. 17세기의 많은 수학자들은 미분에는 순조롭게 되돌아가는 역의 과정이 틀림없이 있을 것이라고 생각하기는 했지만, 통찰력에 날을 세워 이것을 정리로 만들지는 못했다. 데카르트는 아직 태어나지도 않은 수학자들에게 자신이 역접선 문제라고 부른 것을 풀도록 내놓았다. 그러면서 자신의 능력이 미치지 않음에 짜증을 내면서 어떤 수학자도 이 문제를 풀지 못할 것이라고 했다. 라이프니츠는 "데카르트는 후대 수학자들에 대해 좀 건방지게 말하는 버릇이 있었다"라고 신랄하게 쏘아붙였다.

사실 라이프니츠는 앞으로 나아가는 길을 발견했을 뿐만 아니라 되돌아가는 길도 발견했다.

데카르트 좌표계가 다시 나온다. 깔끔한 좌표와 함수 $f(t)$, 그 함수가 나타내는 곡선이 주어졌다. a, b로 경계 지워진 직선은 곡선과 함께 닫집을

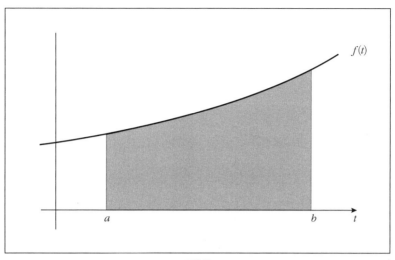

그림 4.2

형성한다(그림 4.2).

$f(t)$가 움직이는 물체의 속도를 나타낸다고 생각하면 이해하기 쉽다. 그러나 이렇게 생각하는 것은, 목발만 있을 때처럼, 도움이 되는 만큼이나 방해가 된다. 다음에 설명하는 것이 매우 보편적인 내용이어서 자연에서의 거의 모든 연속적인 과정을 포함하는데도 ($f(t)$가 움직이는 물체의 속도라고만 생각하면) 그 특정한 예에만 적용된다고 생각할 우려가 있기 때문이다. 목발은 꼭 필요할 때만 쓰고 가능하면 쓰지 마라. 필요하다면 목발 없이 절뚝거리며 걸어라.

역학 문제에 몰두한 갈릴레오는 $f(t)$가 속도를 나타낸다면 이 곡선 밑부분의 '면적'은 물체가 이동한 거리에 대응한다고 주장했다. 면적은 도형의 밑변과 높이의 곱과 같은 것으로 나타내진다(곱과 '같은 것', '그렇지 않다'고?) 속도와 시간의 곱이 거리가 아니라면 무엇이란 말인가? 나름대로

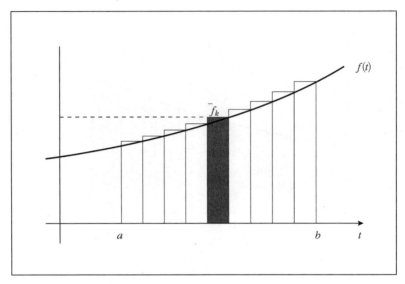

그림 4.3

골머리 아픈 무한소와 씨름하던 갈릴레오는 많이 헤맸다. 갈릴레오는 옳은 방향으로 갔었지만, 길을 잘못 접어들었다.

50년 후 라이프니츠는 이미 친근해진 용어로 곡선 밑 부분의 면적의 근사값을 얻을 수 있다고 주장하면서 그 방법을 보여 주었다. 보통의 유클리드 직사각형의 면적은 밑변과 높이의 곱이다. 곡선 밑에 밀어 넣은 직사각형은, 우리에 밀어 넣어진 코끼리처럼, 첫 번째 1차의 근사값으로 곡선 밑의 진짜 면적에 가까워진다. '근사값'이란 말은 가깝다는 뜻이고, '1차의'란 말은 변과 윗면이 직선임을 뜻한다(그림 4.3).

직사각형을 더 작은 직사각형으로 다시 나누면 근사값은 더 가까워진다. 처리하기 곤란한 코끼리의 더 작은 부분이 무시되기 때문이다. 라이프니츠는 코끼리 크기를 줄이는 것이 근사값에 가까운 여러 가지 직사각형 넓이를 줄이는 것으로 보았다. 라이프니츠는 이 개념을 꼭 붙들고 직사각형 넓이가 무한소가 될 때까지 직사각형을 줄이고 줄여 무한히 적용될 수 있는, '자신의' 무한소 개념을 불러냈다. 그러고 나서 라이프니츠는 높이를 정확히 특정할 수 없고 밑변을 계산할 수 없는 무한히 많은 직사각형의 합을 생각해 보라고 했다. 라이프니츠는 침착하게 그 합의 존재를 긍정했고, 흡족한 웃음을 지으며 그것이 곡선 밑의 면적이라고 선언했다.

'면적'은 '합'이고, '합'은 '수'로 나타내진다.

합은 점 a, b 사이의 주어진 함수의 정적분으로 알려져 있다. 라이프니츠는 S를 길게 늘인 것으로 합을 나타냈다.

$$\int_a^b f(t)\,dt$$

이 식은 직사각형의 밑변 dt를 높이 $f(t)$로 곱하는 이전의 통상적인 일이 이제 무한히 작게 구체화되었다는 사실을 의미한다.

도함수가 한 점의 끝까지 변화를 짜낸다면 정적분은 일정한 면적에 걸쳐 일어나는 변화를 평가한다. 흔들림이 정지에 양보했다.

흔들리든 정지하든 간에 어떤 점에서의 도함수와 두 점 사이의 정적분 때문에 수학자들은 매우 특별한 수에 관심을 돌렸다. 피타고라스학파 사람들은 수에 주목했다.

미적분의 이 부분은 적분이라고 알려졌다. 적분은 기술적으로 미분보다 더 어렵다. 면적 개념은 간단하지만, 곡선 밑의 면적을 실제로 계산하는 데 필요한 기술은 몹시 번거로운 것이다. 수학도들은 오랫동안 정적분을 싫어했다. 치환적분이나 부분적분에 마주쳐도 수학도들의 이런 성향은 개선되지 않았다.

곡선 밑의 면적은 수이고 따라서 특정한 것이다. 이것은 흐르는 상태의 얼어붙은 이미지를 제공한다. 미분은 원래 수 대 수 거래와 관련이 있고, 특정한 점에서의 함수의 변화율을 평가하는 것이다. 그 후 수 대 수 거래는 함수 대 함수를 다루는 것으로 대체되었다. 이 특수한 것에서 빠져나오려는 동일한 욕망에 사로잡힌 라이프니츠는(뉴턴도 마찬가지였다) 사상이란 얼굴을 영원히 바꾸어 놓을 통찰력이 있었다. 이 통찰력은 유클리드 기하학을 정적인 원리로 만들고, 시간에 제약된 구속을 없앴다. 곡선 밑의 면적이 순간마다 변한다면 이 면적 또한 '함수'로 나타내져야 한다. 이것이야말로 함수가 하는 일이다. 함수는 변화를 나타낸다. 지금은 함수 중의 하나가 이것을 할 때이다.

지금까지 고정된 면적을 측정하던 정적분은 확대되었고, 그 결과 변하는 면적도 측정한다. 수학자들은 고정된 수가 하나뿐이던 곳에 변수 t로 적분을 표시하는 방법으로 이것을 나타낸다. 그 결과는 고정된 점과 움직이는 목표 사이의 '부정'적분이다.

$$\int_a^t f(t)\,dt$$

미분과 적분은 서로 연관되었고 반대 과정임을 보여 주는 고차원적인 개념이 이제 통합되려 한다. 함수의 미분은 빼기와 나누기의 문제이고, 적분은 더하기와 곱하기의 문제이다. 아무도 예상하지 못했지만, 미분과 적분은 깊은 곳에서 서로 연관되어 있다. 적분은 미분이 한 것을 원상으로 돌린다. 이것은 수학적 표기법의 아름다움과 완벽함을 요구하는 결과이다.

$$\frac{d}{dt}\int_a^t f(t)\,dt = f(t)$$

멋지고 정말 힘이 넘치는 이 기호는 미분과 적분이 하나임을 단언한다. 우변에는 함수가 있다. 이 함수는 연속적인 과정을 나타낸다. 이것이 하나이다. 좌변에는 미분이 있다. 이것이 다른 하나이다. 미분과 적분이 제 할 일을 하면 이 둘은 같은 것으로 판명된다.

이 개념은, 몇 쪽 앞에서 다루다만, 움직이는 발레리나에게도 적용된다. 관련된 함수는 세 개 있다. 첫 번째는 거리를, 두 번째는 속도를, 세 번째는 면적을 나타낸다. 관련된 연산은 두 개 있다. 하나는 미분이고, 다른 하나는 방금 언급한 확대된 적분이다. 이제 함수와 과정은 통합되고 그 결과 이제까지 동화를 거부했던 이 프레스코의 여러 조각이 하나의 형상을 이룬다. 속도를 측정하는, 영원히 변하는 곡선 밑의 면적은 부정적분으로 주어진다. 그러나 속도의 부정적분은 거리이고, 거리의 미분은 속도이고, 속도의 적분은 거리이다. 이들 사이의 관계는 이러하고, 변화의 형태도 이러하다.

이것이 미적분의 기본 이론이다.

뉴턴은 미적분을 이용하여 '세계의 체계'를 세웠다. 17세기 후반 미분이 발견된 지 몇 년 안 되어 미분은 수리물리학 전반에 널리 사용됐다. 뉴턴은 자연법칙 두 개를 세상에 소개했다. 둘 다 힘에 관한 법칙이다. 첫 번째 법칙은 한 편의 힘과 다른 편의 질량과 가속도의 곱 사이의 동일성을 확립한 것이다. 두 번째 법칙은 만유인력의 법칙을 확립한 것이다. 모든 물체는, 아무리 멀리 떨어져 있더라도, 질량에 비례하고 물체 사이의 거리의 제곱에 반비례하는 힘으로 서로 끌어당긴다. 이 방정식들은 즉시 연립미분방정식을 이루고, 미분방정식은 자연과학의 선택받은 도구이다.

백조 날개를 늘어뜨리고 지친 발을 끄는 발레리나는 이제 마지막 작별을 고해도 좋다. 높이 솟구친 발레리나는 막 내려가려 하기 때문이다. 특정 순간에 발레리나는 얼마나 멀리 나아갔는가? 그것은 수학적 방법으로 해결할 수 있는 문제이다. 발레리나는 그 수와 측정 단위가 무엇이든 간에 수 ξ로 기호화할 수 있는 높이에 이르렀다. 함수 $g(t)$는 발레리나가 순간마다 공간에서 위치를 바꾸는 비, 다시 말해 순간 속도를 나타냄을 기억하라. 구하려는 것은 위치 변화가 바로 시간 변화와 상관되는 미지의 함수 x이다.

결과적으로 다음의 식이 나온다.

$$\frac{dx}{dt} = f(t)$$

x가 미지인 이 방정식은 실세계에서 일어나는 연속적인 사건들을 묘사하는 함수이다.

답은 바로 나온다.

$$x = \xi + \int_a^t f(t)\, dt$$

또한 x의 아이덴티티도 바로 나온다. 이것은 단순히 함수 $g(t) = 16t^2$이다.

이것은 상식과 일치한다. 떨어지는 발레리나가 커버한 거리는 원래 높이와 그 후에 발레리나가 커버한 거리의 합으로 주어지고, 경과한 시간이 얼마가 되든지 간에 매우 쉽게(그리고 일반적으로) 얻어질 수 있다.

이것은 뉴턴 역학, 클럭 맥스웰Clerk Maxwell의 전자기장 이론, 아인슈타인의 일반상대성이론, 양자역학을 가능하게 만들고 밤하늘의 행성의 운동과 트리니티 상공의 핵폭발을 모두 동일한 수학적인 방법 안에 포함되게 만든 도구이다.

미적분과 미분방정식 이론을 숙고한 수학자와 물리학자들은 이 대단히 유용한 도구가 그 주된 개념이 난센스라는 사실 때문에 피해를 받고 있음을 알고 언짢아했다. 그것은 철학자 버클리Berkeley가 강하게 제기한 문제점이었다. 버클리 주교는 무한소를 '없어진 양量의 망령'이라고 하면서 미적분을 비웃었다. 버클리는, 참된 철학자답게, 이 망령들이 매우 활기찬 이유에는 관심을 가지지 않았다. 200년도 더 지나서야 수학자들은 미적분을 그 역할에 걸맞은 정도로 논리적으로 해석했다고 솔직하게 말할 수 있었다.

그 해석은 오귀스탱 코시Augustin Cauchy가 주창하고 19세기에 카를 바이어슈트라스Karl Weierstrass가 완성했다. 무한소는 극한으로 대체되었다. 그에 필요한 개념은 매우 복잡하고 많은 사색과 연습을 필요로 해서 수학자들도 금방 잊었다. 여러분에게 그 내용을 소개하기는 하겠지만 여러분도 수학자들처럼 그 내용을 금방 잊을 것이다.

수열 $S = 1/n$은 n이 커짐에 따라 작아진다. 목적지는 0으로서 S가 극한 L에 이를 때이다. 해석적으로 이해하는 데는 3단계를 거쳐야 한다. 먼저 어떤 양수 ε를 취한 후 잠시 그 수를 고정시켜라. 그러고 나서 ε에 의존하는 다른 양수 δ를 고려하여 두 수가 팀을 이루게 하라. 그런 다음 n이 커짐에 따라 $S = 1/n$과 0 사이에 형성되는 차이를 고려하라. 이것이 세 번째 단계이다. 이렇게 하면 다음과 같은 이로움이 있다.

'정의': ε값을 임의로 선택한 후 그에 대응하는 '어떤' δ를 취할 때, δ보다 큰 모든 값에 대해 앞에 언급한 차이가 ε보다 작게 되는 '어떤' δ가 존재한다면 L은 S의 극한이다.

'제공된 이로움': 극한의 정의가 주어지면 어떤 함수의 도함수와 적분은 순전히 수학적인 용어로 옮겨질 수 있다. 무한소는 사라지고 없다. 그 대신 도함수는 접선에 점점 더 가까워짐에 따라 할선에 의해 형성되는 실제적이고도 유한한 비의 수열의 극한으로 묘사된다. 적분은 가까워지는 직사각형에 의해 형성되는 실제적이고 유한한 합의 수열의 극한으로 정의된다. 극한의 델타-엡실론 정의는 많은 위대한 증명의 기초가 되는 멋진 도구였지만, 수학자들 사이에서조차도 애정을 불러일으키는 것은 아니었다.

'보류된 이로움': 극한의 정의는 어렵다. 묘하게도 어렵다. 그것은 네 숫자($\varepsilon, \delta, n, L$)를 기억할 것을 요구하고, 두 개의 양에 대한 기호들이 이리저리 사용되면서 하나의 수학 연산의 결과가 부등식을 만족하는지 하지 않는지를 추적할 것을 요구한다. 0보다 크고 다른 어떤 수보다 작은 수라는 개념은(그것이 무엇을 의미하는지 신경 쓰지 마라) 훨씬 더 직관적이다. 간단해 보이는 개념을 설명하는 데 그렇게 복잡한 정의가 왜 필요한가?

과연 필요할까?

다른 어떤 거인이 툴툴거리며 숲 속을 쿵쿵대며 걷고 있다는 불안한 마음으로 각자 따로 일하면서 라이프니츠와 뉴턴은 미적분의 주요 개념의 윤곽을 잡았고, 이를 설명하고 미적분의 기본 이론을 증명했다. 두 사람의 손은 거대한 털북숭이 짐승의 앞발처럼 지금도 수학의 모든 분야를 쥐고 있다. 17세기 말이나 18세기 초가 되어서야 사람들은 두 사람이 발견한 것이 얼마나 중요한지 이해했다. 당연하게도 두 사람은 연구에 따른 명성을 독차지하려고 했고, 노벨상 후보자처럼, 상대방의 명성을 해칠 운동에 추종자들을 지체 없이 끌어들였다. 뉴턴은 앙심을 품었고, 누가 먼저 미적분을 발견했느냐는 문제를 두고 친구를 괴롭혔고, 방에서 큰 소리로 투덜거렸고, 대체로 분노를 억누르지 못했다. 1716년 라이프니츠가 죽어 강박관념에 사로잡힐 이유가 없어졌음에도 뉴턴은 분노를 누그러뜨리지 않았다. 라이프니츠는 뉴턴보다 성품이 더 원만했고, 남의 처지를 헤아릴 줄도 알았다. 라이프니츠는 뉴턴이 지적 거인임을 알았고, 자신이 뉴턴의 라이벌이자 뉴턴에 필적할 만한 사람이라고 생각하지 않았더라면 이 문제에 신경 쓰려고도 하지 않았을 것이다.

그러나 누가 먼저 미적분을 발견했느냐는 논쟁은 사라지고 다시는 문제가 되지 않았다. 두 사람 다 위대했다.

5.

복소수

이탈리아의 수학자 지롤라모 카르다노Girolamo Cardano가 뛰어난 표절자라는 이야기를 했던가? 카르다노는 총명하고 유능하고 부지런했지만, 다른 사람의 연구에서 눈을 떼지 않았다. 16세기 초의 수학자들은 일반 대수방정식 푸는 법을 알고 있었다. 이들 수학자들은 수학적 미지수가 방정식 안에 자신의 흔적을 남겨 둔다고 보고 작은 미지의 것을 도입해서 이것을 알아내려 했다. 이들 수학자들은 '이' x가, 그것이 무엇이든 간에, 응접실 난로 앞에 앉아서 손을 쬐는 수 이외의 어떤 것도 아닌 것 같다는 데 주목했다. 이들 수학자들은 진짜 탐정이나 된 듯 온갖 트릭을 써 가며 여러 가지로 추측했다. 이들 수학자들은 몇 가지 알고리즘을 이용하여 $ax^2 + bx + c = d$ 형태의 2차방정식 푸는 법도 알았다. $x = (-b \pm \sqrt{b^2 - 4ac})/2a$ 라는 알고리즘은 이제 잘 알려져 있다. 이것이 나타내는 도구는 기계적으로 작용한다. 수는 우변에 들어가고, 답은 좌변에 나온다. 이들 수학자들은 $x^3 + mx = n$ 같이 두 매개변수 m과 n 사이에서 미지수 x가 세제곱인 3차방정식에 당혹했다.

16세기 초에 볼로냐 대학 수학교수 스키피오네 델 페로Scipione del Ferro는 자신이 발견한, 믿기지 않는 공식, 즉 3차방정식을 풀 수 있는 공식에 대해 힌트를 내놓았다. 그것은 빈틈없이 보호되었다. 페로는 제자 안토니오 마리아 피오르Antonio Maria Fior에게 비밀을 넘겨주었다. 피오르는 비밀을 배반하는 주된 동기가 비밀을 물려받은 것을 자랑하려는 욕심 때문임을 증명하는 데 착수했다. 피오르는 창피한 줄도 모르고 자랑해 댔다. 1535년 또 다른 수학자 니콜로 타르탈리아Niccolò Tartaglia는 페로의 공식을 혼자 힘으로 풀어 그 결과를 깊숙이 감추어 놓았다. 나름대로 매우 유능한 수학자였던 카르다노는 호기심에 사로잡혔다. 카르다노는 타르탈리아를 끊임없이 괴롭혔다. 타르탈리아가 이야기를 꺼내면 카르다노는 쉽게 공식을 얻기만 한다면 무슨 일이 있어도 그 공식을 지키겠다고 약속했다. 카르다노는 "나에게 그 공식을 가르쳐 주면 명예를 아는 진짜 사나이로서 성서에 손을 얹고 당신이 발견한 것을 발표하지 않겠다고 맹세하는 것은 물론이거니와 내가 죽은 뒤에도 아무도 그 공식을 이해하지 못하게 암호로 기록하겠다는 것을 진짜 크리스천으로서 맹세하네"라고 엄숙하게 말했다.

1년 뒤 카르다노는 『위대한 술법Ars Magna』을 출간하여 그 공식을 발표했다.

16세기의 수학자들은 분명히 −1의 제곱근을 이해하지 못했다. 그들이 알기로는 제곱했을 때 0보다 작아지는 수는 없었다. 고전적인 고대의 방법은 쓸모가 없었다. 그러나 $x^2 = -1$이라는 방정식은 단순한 기호 다섯 개이상의 무언가가 존재함을 줄기차게 암시하는 것 같았다. 자연스럽게 생기는 다른 방정식도 음수의 제곱근을 요구했다. 이런 상황은 높은 창문

곁에 있는 귀신을 가리키는, 깜짝 놀란 손님들을 닮았다. 10을 곱이 40인 두 수로 나누는 문제에 직면하여 카르다노는 방정식 $x+y=10$과 $xy=40$으로 시작했다. 카르다노는 이 두 방정식에서 방정식 $x(10-x)=40$을 도출했다. 이 방정식의 근은 $5+\sqrt{-15}$와 $5-\sqrt{-15}$이다. 2차방정식의 근 공식은 충족된다. 근호 속에 또 음수가 나타났다. 카르다노는 "관련된 정신적 고뇌는 무시하라"고 자신을 달래면서 이것이 의미가 있는 것처럼 표현을 조작했다. 어떤 점에서 카르다노는 올바른 결론에 이르렀다. "수학의 미묘함은 이렇게 발전한다. 흔히 말하는 것처럼 발전의 끝은 무용한 것이기도 하고 세련된 것이기도 하다."

카르다노가 훔친 공식을 사용했을 때 제곱근과 음수의 기겁할 만한 결합이 나타났다. 필자는 이것이 절도에 대한 벌이라고 생각할 뿐만 아니라 이 공식을 통해 자연이 자신에게 주의를 환기시킨다는 명백한 증거라고 생각한다. 타르탈리아의 믿기 어려운 공식은 복잡하기는 하나 매우 간단한 수학적 연산으로만 이루어져 있다. 분수가 쓰이고, 근이 구해지고, 거듭제곱이 거듭제곱된다. $x^3+mx=n$이라는 형태의 어떤 방정식에 대해서는

$$x = (n/2+\sqrt{(n/2)^2+(m/3)^3})^{1/3}$$
$$-(-n/2+\sqrt{(n/2)^2+(m/3)^3})^{1/3}$$

이 성립한다. 이 공식은 즉시 동일한 검은 숲으로 이끈다. 방정식 $x^3-15x=4$를 생각해 보라. 간단한 계산으로

$$x = (2 + \sqrt{-121})^{1/3} - (-2 + \sqrt{-121})^{1/3}$$

임을 알 수 있다. 근호 속에 또 음수가 나타났다. 카르다노는 음수가 근호 속에 있음은 알았지만, 그것이 무슨 뜻인지는 몰랐다.

그의 동시대인 라파엘 봄벨리는 같은 방정식을 다루어 16세기에 살면서도 하마터면 18세기 문제를 이해할 뻔했다. 봄벨리는 추측으로 $x = 4$임을 알았다. 봄벨리는 알고 있는 4를 이용하여 $x = (2 + \sqrt{-121})^{1/3} - (-2 + \sqrt{-121})^{1/3}$(공식으로 구한 답)에서 시작하여 $x = (2 + \sqrt{-1}) - (-2 + \sqrt{-1})$을 거꾸로 알아낼 수 있었다. 이 식에서 −기호와 + 기호가 서로 작용할 때 제곱근은 상쇄하여 없어진다. 이 복잡한 기호가 보통의 수로 귀착됨에 따라 동시대인에게 컴컴하게 남아 있던 수학적 풍경은 잠시 빛으로 충만한 것처럼 보였음에 틀림없었다. 봄벨리는 알려진 3차방정식의 해(여기서는 $x = 2$)를 이용하여 타르탈리아의 공식을 통해 얻어진 같은 방정식의 해의 의미를 알 수 있었다. 봄벨리는 투명한 창유리로 덮인 듯한 공식의 기계 장치를 보았지만, 해가 없어서 그것을 작동하지는 못했다.

400년 넘게 아무도 봄벨리의 위업에 손대지 못했으나 마침내 1929년 프랑스에서 『대수학*L'algébra*』이라는 제목으로 답이 나왔다.

17세기에 복소수는 귀신처럼 나타났다가 사라졌다. 유럽의 수학자들은 컴컴한 계단에서 복소수를 보거나 징두리벽 뒤에서 복소수가 징두리벽 긁는 소리를 들었으나 그다음에는 복소수가 징두리벽을 긁는 소리도 듣지 못하고 복소수의 모습도 보지 못했다. 많은 유명한 수학자들, 예를 들면 라이프니츠와 요한 베르누이Johann Bernoulli 같은 사람들이 서로 논쟁을 벌이면서 자신들이 존재를 의심한 복소수가 대수를 가지는지 또는 -1의 제곱근이 그 자신의 제곱근을 가지는지를 결정하려고 노력했으나 성과를 거두지 못했다. 두 사람 다 틀린 결론에 이르러 놓고도 이것을 단호히 옹호했다. 두 사람은 0의 불가사의한 성질에 관해 논하고 있다는 묘한 느낌을 떨칠 수 없었다.

그러나 50년도 안 되어 이 복잡한 귀신은 비밀 은신처를 빠져나와 자신이 틀림없이 '실재한다는' 것을 보여 줌으로써 형이상학적 의혹을 모두 일소했다. 유럽의 수학자들이 복소수 '표현법'을 알게 됨으로써 좋은 표기법이 있으면 어떤 개념이 더 발전할 수 있다는 유용한 철학적 원리를 입증했을 때 복소수는 비로소 되살아났다. 수학자들은 복소수가 $a + bi$ 형태를 하고 있음을 알게 되었다. 후에 수학 표기법에 덧붙여진 문자 i는 -1의 제곱근을 의미했다. 따라서 $i^2 = -1$이다. 문자 a, b는 보통 수를 나타낸다. bi는 -1의 제곱근과 b의 곱이고, $a + bi$는 이것과 a의 합이다. a가 0이면 $a + bi$는 순허수이고, b가 0이면 $a + bi$는 완전히 실수이다. 복소수 $a + bi$의 켤레복소수는 단순히 $a - bi$이다.

형이상학적 갱생 프로그램의 다음 단계는 다음과 같다. 더하기, 빼기, 곱하기, 나누기는 수학에서 가장 오래되고 가장 중요한 연산이다. 이것을 대수학적인 것이라고 하자. 장 르 롱 달랑베르Jean Le Rond d'Alembert는 「일반 원인 고찰Réflexions sur la cause général des vents」이라는 논문에서 대수학적 연산을 통해 복소수에서 도출되는 수는 모두 복소수라 했다. 복소수에서 시작하면 복소수를 얻는다. 이 순환은 이상한 것이 아무리 끼어들어도 결코 깨지지 않는다.

복소수에서 더하기와 빼기는 직관적인 방법으로 정의된다.

$$\text{더하기}: (a+bi)+(c+di)=(a+c)+i(b+d)$$
$$\text{빼기}: (a+bi)-(c+di)=\cdots$$

세 점으로 된 목발(줄임표 $\cdots$)은 + 기호를 -기호로 변형시키는 것을 포함한 내용을 생략하고 있을 뿐이다. 곱하기는 다음과 같다.

$$\text{곱하기}: (a+bi)(c+di)=(ac-bd)+i(ad+bc)$$

나누기는 이와 비슷하고, 빼기에서와 마찬가지로 세 점으로 생략되는데, 그 내용은 다소 복잡하다.

복소수 산술(달리 부를 방법이 없지 않은가?)에서 매우 임의적인 규칙이 뻔뻔하리만큼 비현실적인 대상에 적용되는 것처럼 보이는 것은 당연하다. 일각수—角獸의 족보를 그리는 것과 같다고나 할까. 그러나 그런 생각은 잘못된 것이다. 그 규칙은 임의적인 것이 '아니다'. 복소수의 더하기는 '보통' 더하기와 같다. $(a+bi)+(c+di)$를 지배하는 규칙은 $[3+(7\times8)]+[5+(2\times8)]$을 지배하는 규칙과 같다. 다른 연산도 마찬가지이다.

수학자들이 말한 것처럼 복소수는 일반 대수학적 연산의 지배를 받는다. 1747년 달랑베르는, 불쌍한 봄벨리와 달리, 자신의 항해에 순풍 구실을 한 17세기 수학의 성공을 뒤에 업고 있었다. 그러나 달랑베르도, 그리고 어느 누구도 기호 $a+bi$ 뒤에 이 기호를 쓴 인쇄업자의 잉크에서 발견될 수 있는 것보다 더 많은 내용이 들어 있음을 가정할 근거를 내놓지 못했다.

　일각수는 여전히 일각수이다. 그러나 일각수는 일각수의 족보가 나무랄 데 없음을 알게 하는 데 도움을 준다.

　복소수는 가감승제가 가능하다. 초월적 연산이 있다. 예를 들면 수학자들이 $(5+\sqrt{-5})^{\pi i}$의 의미를 찾으려 할 때 우리는 뭐라고 해야 할 것인가? 실수를 실수로 거듭제곱한 것은 단순히 자신을 곱해서 생긴 실수이다. 따라서 2^3은 그저 $2 \times 2 \times 2$일 뿐이다. $(5+\sqrt{-5})^{\pi i}$이 단순히 $(5+\sqrt{-5})$를 πi번 곱한 것이라고 하는 것은 별로 도움이 안 된다. "광기는 이런 식으로 거짓말을 한다"라고 립먼 베르스Lipman Bers는 수업 시간에 진지하게 말했다. 복소수의 대수나 복소수의 사인 또는 복소수의 코사인은 무엇인가? 실수에 대해서는 이런 질문이 오랫동안 주어졌다. 이런 질문들이 복소수에 새로이 주어졌을 때 그것들이 경험의 눈부신 통일을 가져다줄 것이라고는 아무도 기대하지 않았다. 그렇지만 그것은 사실이었다.

　이제 레온하르트 오일러Leonhard Euler가 활약했던 18세기 중엽으로 넘어간다. 당대 최고의 수학자였던 오일러는 1707년에 태어나 1783년에 죽었다. 1740년 오일러는 프리드리히 대왕의 초청을 받고 베를린에서 궁정 생활에 가담했다. 이후 예카테리나 여제가 러시아 왕위에 오르자 오일러를 다시 상트페테르부르크로 초대했다. 오일러는 이를 감사히 받아들였고, 예카테리나 여제는 오일러를 왕실 출입 손님으로 대우했다. 오일러는 그런 대접을 받을 만한 사람이었다. 오일러는 왕실에서 만년을 보냈다. 그는 다른 사람들과 마찰 없이 지내면 별로 힘들이지 않고도 성공할 수 있음을 모범적으로 보여 주면서 사색에 전념하는 생활을 했다.

오일러는 수학의 모든 분야에 업적을 남겼으나, 특히 복소수에 두드러진 업적을 남겼다. 오일러는 복소수가 수학적으로 이상한 것이 아니고 신의 섭리가 잃어버린 대칭, 예기치 못한 연관성, 경험의 통일성을 위해 마련해 준 도구라는 것을 보여 주었다. 이것은 오일러가 삼각함수와 지수함수 사이의 관계를 알아챈 데서 분명히 나타난다.

초보용 교과서는 직각삼각형의 성질을 다루는 많은 공식에 삼각함수를 이용한다. 이런 식으로는 그다지 동기를 유발하지 못하기 때문에 대개 어렵기만 하다. 이런 교과서와 그것들을 보고 느꼈던 괴로운 추억들은 취소되고 폐기되어야 한다. 실수의 삼각함수는 실수이고, 삼각함수는 관계식을 이룬다. 이런 점에서 도*를 없애고 라디안**으로 각을 나타내면 좋다. 360도의 원은 2π라디안이고, 180도의 반원은 π라디안이고, 직각은 $\pi/2$라디안이다. 측정 단위로서의 라디안은 언급하지 않고 순전히 실수만 이야기해도 된다. 사인, 코사인, 탄젠트는 이제 분명히 함수 구실을 한다. π의 사인은 0이고, π의 코사인은 –1이고, 다른 모든 실수에 대해서도 이와 비슷하다. 이들 함수는 +1과 –1 사이를 주기적으로 오가고, 끝없이 같은 패턴을 반복한다(그림 5.1).

지수함수는 전혀 다르다. 실수값 함수 $f(x)$는 a^x이라는 형태일 때 지수함수이다. 지수 x는 위쪽 조종석에 있고, a는 아래쪽 화물칸에 있다. 매개

---

* 각도의 도를 말함.
** 각도의 단위, 약 57도.

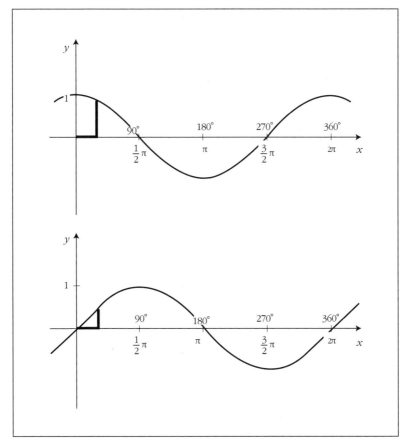

그림 5.1

변수 a가 변할 수 있기 때문에 지수함수는 사실상 일군의 함수, 씨족 전체를 의미한다. 누승법에서 곱하기는 언제나 더하기로 나타낼 수 있다. 따라서 $(a^x)(a^y) = a^{x+y}$이다. 이것은 앞으로 일어날 것에 대한 실마리이고, 이 실마리는, 그 밖의 좋은 실마리와 마찬가지로, 잘 보이는 곳에 있다. 쉽게 말하면 지수함수는 주기적인 것이 '아니다'. 지수함수는 가차 없이 상

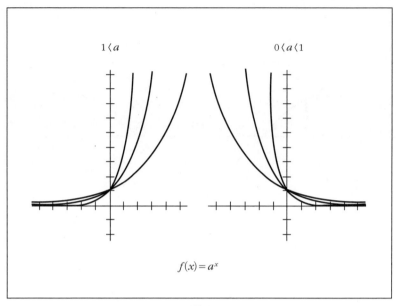

$1 \langle a$ $0 \langle a \langle 1$

$f(x) = a^x$

그림 5.2

승한다. 그래서 지수함수는, 학부생들이 페트리 접시* 안에서 감당하지 못할 만큼 세균을 분열시킬 때처럼, 생물학에서 배가 과정을 나타내는 데 사용된다(그림 5.2).

기이하게도 여러 가지 지수함수는 단 하나의 함수, 즉 '지수함수'에 통합될 수 있다. 연결 조직은 단 하나의 수로부터 형성된다. π처럼 e도 그러한 것의 하나이다. 그것은 실수이고, 따라서 보통의 수이다. 그러나 2의 제곱근처럼 그것은 무리수이고, 소수의 확장(2.71828…)은 무한히 계속되고, 바람처럼 형태가 없다. 그것은 글자 그대로 상상력을 필요로 하는 수학

---

* 세균 배양용 접시.

어디서나 나타난다. π, i, 0, 1처럼 그것은 이론물리학에서 기초상수 비슷한 역할을 하는 듯하다.

마술 같은 수학적 정의를 이용하면 '임의의' 함수 a^x를 전적으로 e로 나타낼 수 있다. 두 단계만 거치면 된다. 먼저 a는 $e^{\log a}$로 나타내지고, $\log a$는 e를 밑으로 한다. 그다음에 a^x은 $e^{x\log a}$로 나타내진다. 여러 가지 지수함수는 단 하나의 지수함수 $exp(x)$ 또는 e^x(e는 멱 x로 거듭제곱된다)로 바뀔 수 있다.

삼각함수와 지수함수의 성질이 어떻든 간에 현대 수학자 라르스 알포르스Lars Ahlfors는 "실수의 관점에서 계산에 접근하는 사람은 두 함수 사이에 '어떠한' 관계도 기대할 수 없을 것이다"라고 했다. 이어서 "이들 두 함수는 기원도 다르고, 목적도 다른 것처럼 보인다"라고 덧붙였다.

이런 생각이 잘못되었다는 것은 사상사에서 매우 흥미로운 발견이다.

1740년 무렵 오일러는 유럽 수학의 모든 분야, 유럽 수학의 뛰어난 업적, 복잡한(때로는 모순된) 정의, 정의에 따른 구별에 정통했다. 오일러는 복소수를 표현하는 방법과 복소수를 산술적으로 조작하는 방법을 알고 있었다. 다른 사람들도 그랬다. 오일러는 '복소수' 삼각함수와 '복소수' 지수함수(sine$(5+\sqrt{-5})$ 또는 $(5+\sqrt{-5})^{\pi i}$ 같은 것)를 언급하는 데 무리 없이 복소수의 개념을 확대할 필요성을 느꼈다. 여기서 '오일러'가 필요성을 느꼈다고 표현했지만 이것은 순전히 역사적 은유이다. 오일러도 다른 위대한 수학자들이 직면하던 문제에 직면했기 때문인데, 그것은 헷갈리고 모호한 상황이었다. 그의 천재성에 걸맞은 도구는 무한급수론이었다. 무한급수론은 해석학의 보배였고, 오일러는 이런 급수의 대가였다. 1748년에 출간된 그의 탁월한 『해석적 무한대 소개*Introductio in analysin infinitorum*』는 통찰력, 직관, 특이한 음악적 취미, 풍부한 영혼의 상징으로 가득 차 있다.

무한급수는 S_n = 1, 1/2, 1/3,… , 1/n일 때처럼 끝없이 계속되는 수의 연속이다. 이제 낯익은 수학자들의 세 점(끝없는 과정을 생략한 것)은 의미가 없는 것이 '아니다'. S는 급수를 나타내고, 아래에 쓰인 n은 n이 처음에는 1, 그다음에는 2, 또 그다음에는 3, 등등 무한히 계속되는 것을 허용함으로써 급수의 항이 형성됨을 의미한다. 급수 S_n은 무한하기는 하지만, 형태가 쉽게 인식된다. 그것은 어디론가 향하고 있다. n이 커짐에 따라 급수의 항은 작아지고, 급수는 궁극적으로 0을 향한다.

매우 그럴듯한 이 개념은 $S_n = a_1 + a_2 + a_3 + a_n + \cdots$ 같은 형태의 무한 합 개념에 생명, 즉 의미를 부여하는 데 사용된다.

무한급수 S_n = 1, 1/2, 1/3,… , 1/n과 달리 무한 합 $S_n = 1/2 + 1/4 + \cdots + 1/2^n \cdots$ 은 세련되고 정교한 해석을 요한다. 이 해석은 무한히 계속되는 과정에서 유한한 수를 끄집어내는 방법이어서 정의를 필요로 한다. 단계적으로 나아가는 것은 정의이지만, 수학자의 기술은 무한급수를 무한 합에서 회복시키는 데만 관련이 있다. 그래서 궁극적으로 달성되는 것은, 번데기에서 나비가 나오듯이, 처음부터 내재되었던 뜻밖의 결과이다. 정의는 나비처럼 단계적으로 나타난다.

첫 번째:
$S_n = 1/2 + 1/4 + 1/8 \cdots$ 에서 부분 합의 관련 급수를 만든다.

$1/2 = a_1,$

$1/2 + 1/4 = a_2,$

$1/2 + 1/4 + 1/8 = a_3.$

두 번째:

$S_n = a_1, a_2, a_3, \cdots, a_n$을 무한급수로 간주하라.

세 번째:

$S_n = a_1, a_2, a_3, \cdots, a_n$이 향하는 극한이 있는지 보라.

마지막:

이 극한을 $S_n = 1/2 + 1/4 + 1/8 \cdots$에 그 합으로서 할당한다.

이 단계들은 S_n의 무한 합이 놀라울 만큼 구체적인 수 1임을 보여 준다. 무한이라는 나비가 번데기 과정을 거친 후 무지개 빛깔의 유한한 날개를 단 것이다.

이 결론은 방금 말한 정의와도 일치하고, 직관과도 일치한다. 이 직관은 수열을 검토할 때 1 주위에 어슬렁거리는 경향이 있다. 그 어슬렁거림이 정의만이 정확하게 표현해 낼 수 있다는 인상에 의해 촉발된 것일지라도.

수학적 개념은 이제 절박한 내적 논리를 드러낸다. 그래서 수학자들은 다성 음악에서처럼 많은 다른 목소리에 귀를 기울이지 않으면 안 된다. 함수 개념은 수학의 모든 분야에서 중요하다. 수를 수로 보내는 함수는 수학적 생명의 가장 근원적인(따라서 가장 깊은) 형태이다. 무한 합은 함수를 표현할 수 있는 힘이 있고, 따라서 수 사이의 대응을 가져다준다. 이것은 결코 명확하지 않고, 무한 합 이론의 발전은 인간의 자의식이 극적으로 확대된 에피소드의 하나를 보여 준다. 뉴턴은 많은 수학 논문에서 무한 합의 힘을 이용했다. 뉴턴이 무한 합이 함수를 정의한다는 사실을 알면서도 함수 자체의 개념에 손대지 않았다는 것은 수학사에서 기이한 일에 속한다. 18세기의 모든 수학자들은 손가락을 제대로 짚었다. 그 가운데서도 오일러가 가장 두드러진다.

무한 합 $S_n = 1 + x/1! + x^2/2! + x^3/3! + \cdots$에서 x는 미지수이고, 따라서 이 무한 합은 어떤 것이 빠져 있어서 무엇인가 결정되어야만 하는 수학적 표현의 큰 무리와 맞닿아 있다. 그것을 제외한 다른 모든 측면에서는 이 무한 합은 이미 다루어진 무한 합과 비슷하다. 이 합이 큰일을 해 낼 것이기 때문에 나는 이 합을 명시적으로 소개하려 한다. 분모의 수 뒤에 붙은 !는 그 수와 그보다 작은 수 전부의 곱인 계승階乘을 나타낸다. 따라서 3!는 $3 \times 2 \times 1$이다. S_n에서 다른 것은 모두 통상적인 것이다. 그렇지만 이 무한 합은 단순히 x('그것이' 무엇이든 간에)와 무한급수('그것이' 무엇이든 간에)의 합 사이에서 만들어진 관계를 나타낸다. x의 값이 변하면 합도 변한다. 이것이 함수가 나타내려고 하는 본질이 아닌가?

이 특수한 무한 합은 공교롭게도 지수함수를 나타낸다. 그래서

$$e(x) = 1 + x/1! + x^2/2! + x^3/3! + \cdots$$

이다. $x = 1$일 때 수학자들은 e^1의 값을 구하려 한다. 그러나 10^1이 단지 10인 것처럼, 1로 거듭제곱되면 수는 단순히 그 수 자체일 뿐이다. 기대에 찬 수학자는 $e(1)$에서 $2.71828\cdots$을 구한다. 이것이 (관찰하는 것은 즐겁다) 궁극적으로 수학자가 얻는 답이다.

무한 합이 지수함수를 나타내는 데 쓰인다면 무한 합은 사인 함수와 코사인 함수를 나타내는 데도 쓰일 수 있다. 구조는 다르지만 원리는 같다.

$$Sine\ x = x - x^3/3! + x^5/5! + x^7/x! + \cdots$$

$$Cosine\ x = 1 - x^2/2! + x^4/4! - x^6/x! + \cdots$$

이런 관계는 $1, 0, \pi$ 같은 특별한 수의 사인 함수와 코사인 함수를 확인함으로써 확인될 수 있다.

이로써 17세기는 막을 내린다. 지수함수, 사인 함수, 코사인 함수를 복소수의 세계로 확대한 것은 18세기의 업적이다. 첫 번째 단계는 분명했다. 무한 합을 이용하여 지수함수와 삼각함수를 정의할 때 변수 x는 언제나 실수였다. 이것이 지금은 복소수 $z = a + bi$로 대체되었다. 이 대체는 순전히 기계적인 것이다. 무한 합을 이용하여 지수함수를 정의할 때 하나의 기호가 다른 기호를 대신한다. 그것은 사고와는 관련이 없다.

$$e^z = 1 + z/1! + z^2/2! + z^3/3! + \cdots$$

이제 역사적으로나 사상사적으로나 중요한 대목에 이르렀다.

16세기에 살았던 라파엘 봄벨리가 한 번 더 돌아와야 한다. 봄벨리는 자기 손에 쥐었던 반짝이는 금의 가치를 알아채지 못했다. 봄벨리는 −1의 제곱근에 관해 조금 알고 있었다. 특히 봄벨리는 $i^2 = -1$, $i^3 = -i$, $i^4 = 1$, $i^5 = i$, ⋯ 등등 지수가 차례대로 처질 때 어떻게 되는지 알았다. 봄벨리가 이런 것을 어떻게 알았는지 필자는 알 수 없다.

이 사실에다가 이미 주어지고 누워서 기다리는 실마리를 덧붙여야 한다. 곧 e^z이란 표현은 e^{x+yi}을 편리하게 쓴 것일 뿐이다. 그리고 e^{x+yi}은 $(e^x)(e^{yi})$을 달리 쓴 것일 뿐이다. 이 사실과 그 실마리로부터 다음 식이 성립한다.

$$e^z = e^x e^{iy} = e^x[1 + iy + (iy)^2/2! + (iy)^3/3! + (iy)^4/4! + \cdots]$$

지수함수와 삼각함수 사이의 현란한 연관은 이제 무지갯빛으로 나타난다.

$$e^{iy} = 1 + iy - y^2/2! - iy^3/3! + y^4/4! \cdots$$

또는 같은 것이지만

$$e^{iy} = [1 - y^2/2! + y^4/4! - y^6/6! + \cdots] + i[y - y^3/3! + y^5/5! - \cdots]$$

이기 때문이다. 그러나 첫 번째 괄호와 두 번째 괄호 안의 무한 합은 코사인 함수와 사인 함수를 의미하는 무한 합을 나타낸다.

그것은 다음과 같다.

$$e^{iy} = cos\ y + i\ sin\ y$$

따라서

$$e^z = e^x(cos\ y + i\ sin\ y)$$

이것이 오일러 공식이다.

오일러 공식은 통찰력이 그지없이 풍부하고 추론이 정치하고도 정확하다. 오일러 공식은 복소수 누승법의 정의를 제공하고, 이 정의는 뛰어난 가수의 호흡처럼 자연스럽다. 그것은 복소수를 복소수 거듭제곱으로 가져갈 때 수학자들은 늘 복소수를 얻는다는 것을 보증함으로써 복소수의 순환을 끝낸다. 오일러의 공식은 무한급수와 합의 방법을 정당화하고, 지수함수와 삼각함수 사이의 심원하고도 예기치 못한 연관성을 보여 준다. 오일러 공식으로 지수함수와 삼각함수 사이의 구별은 사막의 신기루의 반짝임을 얻었다.

오일러 공식을 더욱 깊게 분석해 보면 훨씬 더 신비로운 관계가 나타난다. $x = 0$이고 $y = \pi$이면

$$e^{i\pi} = (cos\,\pi + i\,sin\,\pi)$$

π의 사인은 0이고 π의 코사인은 −1이다. 그러므로

$$e^{i\pi} = -1$$

따라서

$$e^{i\pi} + 1 = 0$$

이 된다. 이것은 수학에서 가장 유명한 공식이고, 가장 기본적인 수 다섯 개와 더하기, 누승법, 곱하기, 항등식 개념을 하나의 간단한 진술로 연결한 것이다. 이것은 완벽하고, 형언할 수 없을 만큼 아름답다.

말은 필요도 없다.

유럽의 수학자들은 복소수의 가감승제법을 알고 있었다. 그러나 수학의 황제조차도 자연은 −1의 제곱근에서 묘하게 변장을 하고 나타난다는 것에 반쯤 설득당한 채 멍하니 있었다. 달랑베르가 죽은 지 거의 100년 뒤인 1825년 가우스Carl Friedrich Gauss는 "$\sqrt{-1}$의 진정한 형이상학적 뜻을 이해하기는 어렵다"라고 했다. 지적 전염병을 두려워한 이류 수학자들은 학생들에게 그런 문제를 애당초 피하라고 부추겼다. 이 괴물 같은 것을 '볼' 수 있음이 밝혀지고, 단 하나의 도식이, 복소수를 어떻게 다루든, 복소수는 실제로 존재하지 않는다는 수학자들의 생각을 수학자들에게서 완전히 지움으로써 복소수는 19세기 초에 논리적으로 크게 발전했다.

수학에서 흔히 볼 수 있듯이 복소수는 국적이 다른 두 사람이 처음으로 보았다. 이것은 수학적 개념 성숙은 개별적 과정이기도 하고 사회적 과정이기도 함을 보여 주는 놀라운 증거였다. 노르웨이인 카스파르 베셀Caspar Wessel과 스위스인 장 로베르 아르강Jean Robert Argand은 독학자로서 소심한 아마추어였다. 베셀은 측량 기사였고, 아르강은 회계원이었다. 두 사람은 논문을 기고한 후 무수한 교재에 이름만 남긴 채 사상사에서 사라졌다.

베셀과 아르강의 생각은 대체로 비슷했다. 두 사람은 모든 복소수가 평면 위의 점에 정확히 대응한다고 생각했다. 1806년 아르강은 『허수의 기하학적 해석 소론Essai sur une manière de représenter les quantités imaginaires dans les constructions géométriques』을 발표했다. 데카르트 좌표계가 다시 필요해졌다. 데카르트 좌표계의 원점은 0이고 실수는 x축 좌우, y축 상하를 따라 움직인다. '실수'만 그렇고 다른 것은 안 된다. 그럼에도 $a+bi$라는 형태의 수는 실수 a가 x축, 실수 b가 y축을 따라 위치한다고 하는 해석에 의해 그림으로 보여지는 아이덴티티를 즉시 획득할 수 있다. 따라서 복소수 $a+bi$는 점 $\langle a, b \rangle$에 1 대 1로 대응한다. b가 0이면 bi도 0이다. 이 경우 점 $\langle a, 0 \rangle$는 실수 a에 해당한다. −1의 제곱근은 허수이므로 $0+1i$형태를 갖는다. 이것은 i에 대응한다. 원점에서 출발하여 한 단위만 올라가면 점 $\langle 0, 1 \rangle$에 이른다. 이곳은 명확히 보이는 곳이다. 단 하나의 점에 지나지 않지만 그 산술적 아이덴티티 속에는 오랫동안 찾았으나 발견되지 않았던 모든 힘이 들어 있다.

지금까지 필자가 개괄한 것은 시작에 지나지 않고, 이론 발전의 첫 순간에 해당된다. 이런 시작이 끝에 이르는 논리적 장소는 대수학의 기본 정리이다. 기본 정리에 따르면 다항식 함수 $P(z) = a_0 + a_1 z + \cdots + a_n z^n$은 적어도 하나의 근(실수든, 복소수든)을 가지고 있다. 정리에 함축된 의미는 기호가 나타내는 것보다 간단하다. 실수 매개변수, 복소수 매개변수, 실수변수, 복소수 변수가 어떻게 결합하든 간에 이 정리는 복소수를 벗어날 필요는 없다고 단언한다. 그 이상의 수는 필요하지 않다. 복소수로 충분하다. 복소수는 수천 년에 걸쳐 생긴 자연수, 분수, 0, 음수, 실수를 건축하는 기나긴 노력에 마침표를 찍는다. 복소수는 아치를 완성한다.

복소수 이론 너머에 복소수 변수의 '함수'라는 더욱 큰 이론이 있다. 복소평면이 복소평면으로 사상寫象될 때처럼 복소수는 자신을 다른 복소수에로 연결시킨다. 여기서 복소미분과 복소적분이 정의된다. 모든 수학자는 이 이론을 연구하고 이것에 완전히 굴복한다. 그 경험은 첫 사랑과 같다.

나는 절친한 친구 수학자 슈첸베르거M. P. Schützenberger에게 복소해석학의 아름다움을 말해 준 적이 있다. 우리는 낡아빠진 택시를 타고 파리를 돌아다니고 있었다.

이윽고 슈첸베르거는 "정말 아름답구나"라고 했다.

슈첸베르거의 말을 르네 톰René Thom에게 하자 톰은 공감한다는 듯 우람한 어깨를 으쓱거렸다.

이것이 복소수와 복소함수 이론의 매력 가운데 하나이다. 그것은 마음을 허문다.

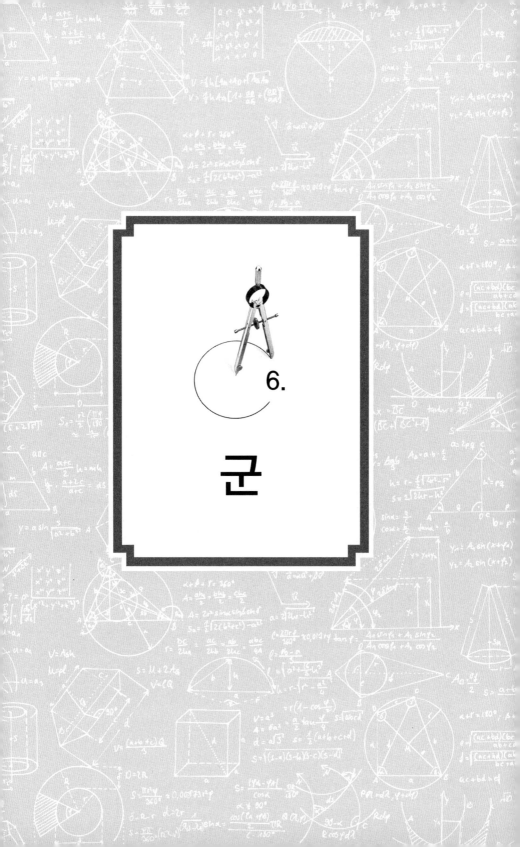

6.

군

1832년 5월 30일 동이 트자 에바리스트 갈루아Evariste Galois라는 청년이 권총을 지닌 채 진흙 밭을 지나 파리 남쪽으로 갔다. 보조인들이 배치를 끝내자 결투를 신청한 연적戀敵 페슈 헤르빈빌Pescheux d'Herbinville과 갈루아는 스물다섯 걸음 떨어진 곳에서 상대를 향해 총을 쏘았다. 갈루아는 사격 솜씨가 신통찮았고, 뚱뚱하고 기름기가 도는 헤르빈빌은 사격의 명수였다. 헤르빈빌의 총탄이 갈루아의 배를 관통했다. 갈루아는 땅에 쓰러졌고, 그대로 방치되었다. 결투장에 외과 의사를 데리고 간다는 생각은 아무도 못했다. 구경꾼과 보조인들이 자리를 떴고, 헤르빈빌도 흡족해하며 자리를 떴다. 세 시간쯤 뒤에 지나가던 농부가 갈루아를 발견하고 수레에 실어 파리 남쪽의 '코친' 병원에 데리고 갔다. 병원은 지금 봐도 초라하니 당시는 말할 것도 없었다. 갈루아는 의식은 있었지만 복막염 때문에 죽음을 기다리고 있었다. 동생이 달려와 눈물을 흘리자 갈루아는 "울지 마라. 스물한 살에 죽어야 하는 내 마음이 흔들리지 않게"라고 했다. 다음 날 아침 갈루아는 죽었다.

요절한 천재 수학자 갈루아.

에바리스트 갈루아는 매우 독창적인 수학자였고, 그의 죽음 이야기는 완전히 신화가 되었다. 애꿎은 결투로 죽는 바람에 갈루아는 학자적 회의주의에 시달리지 않아도 되었다. 교사들은 일찍이 갈루아에게 '수학적 광기' 조짐이 보인다는 것, 다시 말해 피타고라스학파 사람들의 신성한 광기 비슷한 열정이 넘친다는 것을 알아차렸다. 갈루아는 나폴레옹이 세운 유명한 학교인 에꼴 폴리테크닉에 두 번이나 입학을 거부당했다. 시험관들이 갈루아의 탁월한 재능을 알기는 했지만 그의 사상을 따라갈 수 없었기 때문이다. 갈루아는 애써 변명하지도 않았다. 그는 다른 사람들의 반응에 무덤덤한 사람이었다. 갈루아는 뚱하니 시험장에 있다가 질문을 받고는 화가 나서 씩씩거리다가 죄 없는 시험관 머리를 향해 칠판지우개를 던졌다. 사실 불행은 갈루아의 친구였고, 음울한 검은 스패니얼*처럼 사춘기 때부터 갈루아를 따라다녔다. 갈루아는 재능 있는 고전학자였지만, 사춘기 때 학계든 종교계든 정계든 모두 지나치게 권위주의에 물들었음을 알고 괴로워했다. 갈루아는 어릴 때 유럽을 가로지르는 나폴레옹 기병대의 북소리를 들었고, 아버지를 통해 프

---

* 애완견의 일종.

랑스 혁명의 생생한 감명을 간직했다. 공화제의 정견은 갈루아의 풍부한 상상력에 불을 붙였다. 갈루아의 짧은 청년기 중에 프랑스에서는 몹시 평범한 사람 두 명, 즉 루이 18세와 샤를 10세가 왕위에 복귀했다. 둘은 아무런 특징도 없고 천하고 억압적인 공포의 전제정치를 폈다. 갈루아는 편협하고 억압적인 프랑스에서 사는 것이 고역임을 깨달았고, 학계와 마찬가지로 정계도 너무 권위주의에 빠졌음을 알았다. 갈루아는 견유주의자나 별 볼일 없는 혁명가들과 어울렸다.

경찰은 갈루아를 '요주의 인물'로 주시했으나 별다른 혐의를 발견하지 못했다.

갈루아는 스무 살 때 미모로 이름이 자자하긴 하지만 평판이 왔다 갔다 하는 스테파니 펠리케 포터린 드 모텔Stéphanie Félice Poterine du Motel에게 심신의 순결을 잃었다. 그녀는 많은 수상적은 정치적 파벌 싸움의 중심에 있었다. 헤르빈빌이 갈루아에게 결투를 신청한 것도 다 그녀의 명예 때문이었다. 그 도전은 사실상 사형선고였다. 갈루아도 그것쯤은 알았다. 1832년 5월 29일 밤 갈루아는 책상에 앉아 그때까지 자기 머릿속에만 담아두었던, 솟아 넘치는 수학 사상을 후대에 남기려고 마음먹었다.

갈루아는 삐딱한 필체로 몇 시간 동안 종이에 갈겨썼다. 여백에 "시간이 모자란다"라는 말도 적었고, 어떤 페이지 가운데는 '윈 팜므une femme**'라는 말도 적었다.

** 여자라는 뜻.

보통 사람들은 고등학교 시절의 대수학을 생각하면 대개 짜증나는 단어 문제(집배원과 구덩이와 관련된 것이 대표적인 예)와 골치 아픈 기호에 매달리게 하는 여러 가지 공식만 떠올린다. 마이너스에 마이너스를 곱하면 플러스이다. '물론 그러하다.' 그러나 왜 그런가? 마이너스 기호들이 만나서 서로 소멸되는 이상한 전기수학적인 반발력이 작용하는 듯하다. 대수학적 조작의 세계에는 양자물리학자들이 자연의 본질 속에 놓였다고 믿는 것 같은 근본적인 변화를 암시하는 것이 있다. 이것이 대수학이 수리물리학에서 매우 중요한 구실을 하는 이유이다. 대수학을 너무 일찍 가르쳐서 학생들이 대수학의 본질을 제대로 알기 힘들기는 하지만, 대수학은 수학의 기본 분야이고, 활주로의 반짝이는 표시등처럼 눈에 잘 띄는 길을 통해 수학 너머의 세계로 직접 이끈다. 갈루아는 죽기 전날 밤 적어도 현대 대수학의 일부를 창조했다. 갈루아가 태어나지 않았거나, 작업을 하지 않았거나, 그 여자를 사랑하지 않았더라도 수학자들이 갈루아가 발견한 것을 발견했겠지만, 젊은 바이런만큼이나 흥미롭고 재능 있고 불운한 젊은 우상을 가지지는 못했을 것이다.

갈루아가 매달린 문제는 새로운 문제가 아니었다. 9세기의 위대한 이슬람 르네상스기의 수학자들은 대수방정식 푸는 법을 알고 있었고, 이들 수학자들은 모든 수학 문제가 지상명령에서 나온다는 사실을 알았다. 인생뿐만 아니라 문학에서도 중요한 구실을 하는 것으로 알려진 이 명령이란 바로 하나의 미지수를 찾는 것이었다. 이런 이유로 수학자들은 방정식을 가장 우선시한다. 방정식은 기호 몇 개로 수학적 드라마를 모두 표현할 수 있기 때문이다. 무언가가 있다. 이것은 어떤 조건에 답을 준다. 과연 이것은 무엇일까? $5x = 25$ 같은 간단한 방정식조차도 주어진 기호들과 구하는 미지수 사이의 긴장을 보여 준다. 이런 방정식이 풀릴 때 푸는 행위는 모든 생물적 활동의 특징인 긴장과 이완이라는 패턴을 보여 준다.

영리한 아랍인보다 방정식을 훨씬 더 많이 다루었던 17세기 이탈리아 수학자들은 일반 대수방정식 푸는 법을 알고 있었다. 이들 수학자들은 수학적 미지수가 방정식 안에 자신의 흔적을 남겨 둔다고 보고 작은 미지의 것을 도입해서 이것을 알아내려고 온갖 트릭을 사용하고 여러 가지로 추측했다. 그들은 2차방정식의 근 공식을 이용하여 $ax^2 + bx + c = d$ 같은 방정식 푸는 법을 알았다.

이들 수학자들은 2차방정식의 근 공식은 단순하지만 '오로지' 계수를 조작함으로써 답을 구할 수 있음을 보여 주는, 주목할 만한 기호의 우리라는 사실을 몰랐을 것이다. 낯익은 더하기, 빼기, 곱하기, 나누기 연산과 제곱근 계산이 작용한다. 이 간단한 연산은 쉽게 눈에 띄는 계수들을 이용하여 방정식의 답을 정하고, 방정식의 근을 결정하고, 방정식의 성질을 지배한다.

'근호에 의한 해결 가능성solvability by radicals', 바로 이 명칭으로 그(방정식의 근을 구하는) 테크닉이 알려졌고, 그 방법의 서술은 어정거리는 계수들을 섬뜩할 정도로 능수능란하게 헤치고 나아가 직접 사물의 본질에 이르는 열정적이고도 '급진적인' 노력의 결과였음을 짐작하게 한다.

물론 수학에는 많은 방정식이 있다. 19세기 초 수학자들은 유달리 자신감에 차 있었다. 2차방정식, 3차방정식, 변수 x가 자신을 네제곱하는 4차방정식은? 말할 것도 없이 수학자들은 이런 것을 넘어섰다. 수학자들은 공식을 손에 넣었다. 뛰어난 표절자인 카르다노는 남의 것에 눈독을 들였음에도 어엿한 아카데미 회원이 되었다. 위대한 가우스는 『정수론 연구 Disquisitiones arithmeticae』에서 p가 소수일 때 $x^p-1=0$ 같은 방정식을 연구하여 성공을 거두었다. 이것이 더욱 일반적인 아벨방정식(노르웨이의 수학자 아벨 N. H. Abel을 기려서 붙인 이름) $x^n-1=0$의 특수한 케이스인 원분방정식이다. 작은 개울과 실개천이 모래밭을 지나 자신에게 되돌아가고, 다시 새로워지고, 말라 버린다.

이제 사상사에 이상한 구분이 생긴다. 이 구분은 수학자들이 조명할 수는 있으나, 결코 완벽하게 설명할 수는 없다. $x^5-x^2+24=0$에서처럼 미지수가 '5'제곱인 방정식은 르네상스기의 수학자를 좌절시키고 당황하게 만들었을 뿐만 아니라 200년 뒤의 수학자들도 좌절시키고 당황하게 했다. 신비스럽게도 수학자들은 자연이 4차방정식과 5차방정식 사이에 구별을 그었음을 본능적으로 알아차렸다. 이런 방정식의 근이 존재한다는 것은 의문의 여지가 없다. 가우스는 네 가지 다른 방법으로 대수학의 기본 정리를 증명하여 이것을 명확히 보여 줌으로써 이 불쌍한 놈을 때려죽였다. 그러나 이런 방정식이 모두 근호의 방법으로 '풀릴' 수 있는가? 이것은 완전히 별개의 문제이다.

그날 밤 갈루아는 이 질문의 답이 부정적임을, 곧 계수를 산술적으로 조작하거나 끊임없이 근을 찾아 헤매도 5차방정식이 '반드시' 풀리지는 않음을 증명했다. 이 점에서 갈루아는 아벨이나 루피니Ruffini가 이미 행한 작업을 되풀이했다. 그러나 갈루아가 증명한 '내용'은 새로울 게 없지만 증명 '방법'은 정말 새로웠다. 갈루아는 낡은 문제를 처리하려고 새로운 개념을 창조하는 쪽으로 나아갔기 때문이다. 그것은 현대수학의 심오한 개념 중의 하나이고, 물체의 분자 구조가 발견됨으로써 분자가 화학에서 하는 구실에 비교될 수 있는 역할을 수학적 사고에서 담당한다.

그것은 군론group theory이다.

이 '개념'은 코를 만지듯 쉽게 접근할 수 있고 간단한 것이다. 군은 대상이 모인 것이다. 군은 옛 멤버가 새 멤버를 낳는 생산의 기본 원리가 작용한다는 점에서 살아 있다. 가족은 수학을 초월한 최초의 군이고, 남녀가 자식을 낳는 신성한 일은 자연의 모든 행위(연산) 중에서 가장 심원하고 시원적始原的이고 신비한 행위(연산)이다.

베니스의 햇살같이 화려한 이 비유는 스크랜턴*의 진눈깨비같이 딱딱하고 복잡한 수학적 정의로 바뀌어야 한다. 정수에는 양의 정수, 음의 정수, 0이 포함되고, 어떤 정수든지 간에 정수의 합은 늘 정수이다. 군을 구성하고 따라서 고찰 대상이 되는 것은 정수와 더하기 연산이다. 고찰하는 데는 어려운 정신적 행위가 요구되고, 피아노로 2부 화음을 배울 때처럼 연습이 필요하다.

인내심도 필요하다.

기꺼이 시도했다가도 처음에는 지적인 어려움에 부닥쳐 좌절하기도 한다.

더하기 아래에서 정수를 구성하는 군의 형식적, 수학적 정의는 큰 사실

---

* 미국 펜실베이니아 주 동북부의 도시.

하나와 부수적인 세부 사항 세 개를 토대로 한다.

큰 사실:

임의의 두 수는 서로 더해질 수 있고, 그 결과로 '다른 수를 생성할' 수 있다.

제1 세부 사항:

덧셈에는 결합법칙이 성립된다. 순서는 중요하지 않다. 예: $(2+3)+5=2+(3+5)$.

제2 세부 사항:

0은 항등원이다. 곧 어떤 수에 0을 더하면 언제나 그 수 자신이 된다. 따라서 $6+0=6$이고, 또한 '임의의' 수에 0을 더한 것은 그 수 자신에 지나지 않는다.

제3 세부 사항:

모든 수에는 역의 음수가 있다. 그래서 음수에 같은 양수를 더하면, $-5+5$가 0이 되는 것처럼, 결과적으로 서로 소멸된다.

큰 사실과 세부 사항 세 개는 특수한 수학적 구조, 즉 덧셈에 대한 정수의 군 G를 설명한다. '군 G'라는 명칭에서 G는 군(group)을 마음에 떠올리게 하고, 군은 그 개념을 마음에 떠올리게 한다. G는 매우 특수하고 부분적인 수학적 대상, 즉 정수에 한정된 추상적 사고의 스크린을 배경으로 나타났다. 이 예로부터 군 개념이 벗겨지지 않을 이유가 없다. 다 벗겨지면 매우 일반적이고 추상적인 군 자체의 개념만 남게 된다.

그 일반적 개념은 몇 단계의 정의만 거치면 얻을 수 있다.

이 특수한 정수 대신에 특정되지 않은 집합 G = {$a, b, c, \cdots$}를 생각해 보자. 집합의 요소는 $a, b, c, \cdots$가 '무엇이든 간에' $a, b, c, \cdots$이다. 괄호는 요소를 모아두었다는 뜻이다.

다음으로 G에는 불특정한 결합연산이 있다. a, b가 무엇이든지 간에 이 연산은 이미 군 안에 존재하는, 팀의 한 원소인 c라는 대상에로 이끈다. 기호는 연산 작용을 매우 우아하게 전달한다. 즉, $a \circ b = c$이다. 이 식이 지금은 사치품처럼 보이겠지만 잠시 뒤에는 꼭 필요한 것임을 알게 될 것이다.

게다가 군에는 항등원 구실을 하는 원소 e가 있다. 그래서 G의 모든 a에 대해 항등원은 모든 요소를 그 자신에로 되돌린다. 즉, $a \circ e = a$이다.

마지막으로 G의 모든 요소 a에 대해서 a를 항등원 e로 만드는 역원 a^{-1}이 있다. 즉, $a \circ a^{-1} = e$이다.

어떤 설명할 수 없는 이유로 필자는 알라모*가 파괴되려고 하는 1940년대 말의 영화에 나오는, 헝클어진 머리칼을 한 뚱뚱한 멕시코군 장교에 의해 이런 형식적 진술이 이루어진다고 상상하는 것이 이해에 도움을 준다고 생각하곤 했다.

'대장님, 여기 이런 집합이 있당께요. 저치들은 이런 총을 여러 개 갖고

---

* 미국 텍사스 주 샌안토니오에 설립된 18세기 프란체스코 수도회 전도소이자 요새. 유명한 알라모 전투가 일어난 곳.

있지만 작전(연산)은 하나뿐이랑께요⋯⋯.'

대수학에는 이런 효과가 있다.

구조가 복잡한 다른 많은 대상처럼 군에는 부분이 있다. 특히 군이 부분군을 부분으로 가지는 것은 당연하다. 캥거루 새끼가 어미 배에 둥지를 틀듯이 어떤 군이 큰 군 안에 둥지를 튼다. 예를 들면 짝수의 정수는 그 자체로 군이기도 하고, 모든 정수를 포함하는 군의 부분군이기도 하다. 그러나 이혼 전문 변호사 사무실을 찾는 고객들처럼 주어진 군의 부분군이 모두 같은 것은 아니다. 어떤 것은 이상하기 짝이 없다. 필자가 구하려는 것은 '정규'부분군, 즉 '불변'부분군 개념이다. 이하의 논의에 대해 정의라는 라벨을 붙이긴 하지만, 자칫하면 그것이 별로 어렵지 않은 통상적인 행위라는 잘못된 인상을 줄 수 있다. 수학에서 정의는 사물의 본질을 드러내는 일이다. 정의는 본질에 빛을 비추고, 빛은 정의에 생명을 부여하는 것이기 때문에 훌륭한 정의는 획득하기가 어렵다.

우리가 다룰 군은 특정한 G(덧셈 연산에 대한 정수들)이다. 이제 G의 특정 부분군 H를 만들려고 한다. '필요에 따라 행하라'는 것은 수학자의 모토이다('이미 이루어진 것을 받아들여라'와 함께). H의 요소는 7로 곱해진 것이다. 따라서

$$G = \{\cdots -4, -3, -2, -1, 0, 1, 2, 3, 4 \cdots\},$$
$$H = \{\cdots -28, -21, -14, -7, 0, 7, 14, 21 \cdots\}$$

이고, H는 G의 한 부분, 곧 전체의 한 모습이자 그 자체로 하나의 개체이

고, 기존의 블록에서 떨어져 나온 한 덩어리이다.

H는 아이덴티티가 안정되었다는 점에서 보통의 부분군이다. 우리가 해결해야 할 문제는 그 안정성의 근원을 확인하는 것이다. 한 가지 예가 정의에 이르는 길을 가리키고, 또 그 길은 개념에 이르는 길을 가리킨다.

H '안의' 정수, 예를 들어 14와 G '안의' 임의의 정수, 예를 들어 17을 생각해 보라. 17 + 14-17은 다시 14가 되고, 14는 우리가 출발한 곳이다. 부분군과 그것을 싸고 있는 군 사이의 합류는 '부분군'을 변하지 않게 남겨 둔다. 이것이 바로 수학에서건, 일상생활에서건 아이덴티티가 안정되었다는 의미이다.

이 어려운 논의 과정의 마지막 단계에서 곧바로 정의가 주어진다. 주어진 군 G의 부분군 H는 H 안의 모든 b와 G 안의 임의의 a에 대하여 $a \circ b \circ a^{-1}$의 연산이 언제나 H로 돌아가는 경우에는 '정규부분군'이다. 이 정의는 단지 17 + 14-17 = 14임을 말한다. 그것도 보편적이고도 단도직입적으로.

이 정의는 간결하고 추상적이다. 그런 이유로 이상하기도 하다.

독자 여러분이 무슨 말을 하려는지 잘 안다. 마음 푹 놓고 담배 한 대 피워도 좋다.

루피니, 라그랑주Lagrange, 르장드르Legendre, 아벨, 몽주Monge, 코시 같은 수학자들이 모두 5차방정식에 당황했다. 이들 영리한 사람들은 어떤 간단한 방법으로 근호로 풀 수 있는 방정식과 그 밖의 문제를 구별할 수 있음을 감지했다. 아벨은 실제로 이 방법으로 풀릴 수 '없는' 5차방정식이 있음을 증명했다. 그러나 아벨은 방정식 사이의 깊은 연관성, 5라는 수, 대수학의 추상적 구조에는 생각이 미치지 않았다. 생명의 마지막 시간, 분, 초들이 빠져나갈 때 갈루아는 관심을 방정식과 군에로 나누었고, 궁극적으로 방정식이 수 자체와 마찬가지로 숨겨진 대수학적 아이덴티티, 어떤 구조, 어떤 내적 생명이 있음을 보여 주었다. 방정식은 군과 일치했고, 군을 구체화했다. '아니', 군 자체'였다'.

4차방정식 $x^4 + px^2 + q = 0$은 어떤 것('아무도 모르는')이 자신을 네 번 곱하고, 자신을 제곱한 뒤에 어떤 수 p를 곱한 다음, 이 두 수에 어떤 수 q를 더하면 그 결과는 0이라고 큰 소리로 외친다. 필자는 방금 방정식에 사용된 기호들을 장황하게 말로 설명했다. 이로써 수학자들이 무엇보다도 먼저 기호를 사용하는 이유를 알 수 있을 것이다. p와 q는 방정식의 계수이다. 이 계수는 수를 의미하고, 방정식에서 고정되어 있다. 계수들은 다른 수에 더해질 수도 있고, 빼질 수도 있고, 곱해질 수도 있고, 나누어질 수도 있다. 또한 계수들의 근도 구해질 수 있다. 계수는 이렇게도 저렇게도 다루어질 수 있다.

p와 q가 무엇이냐는 것은 중요하지 않다. 수학자가 구하고자 하는 것은 x이다. 공교롭게도 방정식 $x^4 + px^2 + q = 0$의 근, 즉 답은 x_1, x_2, x_3, x_4 네 개이다. 이 근은 방정식의 계수에 의하여 분명하게 나타내질 수 있다.

$$x_1 = \sqrt{(-p + \sqrt{p^2 + 4q})/2}, \qquad x_2 = -\sqrt{(-p + \sqrt{p^2 - 4q})/2},$$
$$x_3 = \sqrt{(-p - \sqrt{p^2 - 4q})/2}, \qquad x_4 = -\sqrt{(-p - \sqrt{p^2 - 4q})/2}.$$

4차방정식은 근호의 방법으로 풀 수 '있다'. 공식 하나면 충분하다. 18세기 수학자들은 이 공식을 잘 알고 있었다. 각 근은 방정식 $x^4 + px^2 + q = 0$ 을 '참'으로 만든다. 이것은 수학에서 결코 나쁜 것이 아니다. 계수 p와 q가 정해지면 근 네 개를 결정하는 것은 기계적인 일에 지나지 않는다.

방정식 $x^4 + px^2 + q = 0$은 근이 네 개이고 따라서 답도 네 개이다. 답이 네 개이니 '수'도 네 개이다…….

피타고라스학파 사람들은 수에 주목하고, 주목하고, 또 주목했다.

병사 셋이 열병식을 한다. 붉은 옷을 입은 병사들은 에덴의 동쪽 어딘가에서 독자와 마주친다. 병사들이 쓴 비버 모피 모자가 그리는 선은 키 순서(키가 큰 병사에서 작은 병사에게로)에 따라 낮아진다. 병사들이 취한 동작의 변화는 원래 위치의 순열을 나타낸다. 제국의 고귀한 관찰자로서 요새에 보내져 까닥거리는 비버 모자를 주시하는 수학자들은 진흙투성이 전초기지에서 이 위치를 쉽게 추적할 수 있다. 병사들은 원래 키 순서대로 1, 2, 3을 나타냈다. 이제 병사들은 첫 번째 명령에 따라 위치를 132로 바꾸었다. 비버 모자 3은 비버 모자 1과 비버 모자 2 사이에 끼게 되고, 두 모자 그림자에 가려진다. 순열은 자연 속의 사물들이 구별 가능하여 다른 순서로 배열될 수 있다는 기쁜 인식에서 생기는 정신적 훈련의 일종이다.

병사들에 적용된 것은 물론 숫자 1, 2, 3에도 적용된다. 숫자 1, 2, 3은 정확히 여섯 개의 재배열, 곧 변환을 허용한다.

$$e\ 123 \rightarrow 123$$
$$a\ 123 \rightarrow 132$$
$$b\ 123 \rightarrow 213$$

$$c\ 123 \rightarrow 231$$

$$p\ 123 \rightarrow 312$$

$$q\ 123 \rightarrow 321$$

이 변환에서 숫자들은 제외되고 변환 자체가 이용될 것이다. 사다리를 기어오르는 수학자가 가능하면 빨리 사다리를 걷어차려고 하는 셈이다. 사다리도, 병사도 사라지면 여섯 개의 변환('변환 그 자체')은 자신이 바로 군임을 보여 준다. 이 개념을 나타내는 말은 추상적일지도 모르지만, 이 개념은 방금 말한 열병식장에서 일어나는 활동을 포착한다. 쾌활하긴 하지만 큰 고민에 빠진 중위가 병사들이 형편없이 정렬한 것을 보고 성마르게 불평할 때 중위는 정렬, 집합, 해산 같은 현실 세계의 일들의 실재성을 언어 속에 새겨 넣는다. 순열은 여러 열병식장 뒤에 존재하는 추상에 지나지 않는다.

이제 이 순열이 군을 이룸을 입증하여 정의의 그림을 완성하기만 하면 된다. 4단계가 있다.

- 군의 원소는 여섯 개의 변환 e, a, b, c, p, q이다.
- 군의 연산은 하나의 변환 뒤에 다른 변환이 이루어지는 것이다. 예를 들어 $a \circ b$는 처음에 123을 취해서 213으로 만들고 그다음에 231로 만드는 연산이다.
- 군의 항등원은 순서에 아무런 변화도 일으키지 않는 순열 e이다.
- 군의 역원은 각 순열에서 그 자신으로 돌아가는 순열이다.

숫자 세 개는 여섯 개의 변환을 낳고, 여섯 개의 변환은 군 한 개를 낳았다. 숫자 세 개에 대해 성립하는 것은 숫자 네 개에 대해서도 성립하고, 네 개 이상의 숫자에 대해서도 성립한다. 각 경우의 결과는 n개의 문자로 이루어진 대칭군이라 부른다.

살아 있는 개체처럼 대칭군은 매우 다양하고, 내적 구조도 복잡하다. 세 개의 문자로 이루어진 대칭군의 경우에는 적어도 더 작은 군 두 개가 수학적 절개로 추출될 수 있는 군 자체에 숨어 있다. 변환 a, b, c를 벗겨내면 수학자에게는 e, p, q가 남는다. 정의를 재빨리 확인해 보면 알 수 있는 것처럼 이것도 군이다. 마찬가지로 항등원 e도 군이다. 틀림없이 군인 그것은 그 자체로 군의 정의를 충족한다.

일련의 군 안의 군들이 존재한다는 이 사실이 암시하는 것은 '수'의 출현과 재출현이다. 세 개의 수 1, 2, 3은 여섯 개의 변환 $\{e, a, b, c, p, q\}$의 군으로 변화되었다. 그 결과 생긴 군은 두 개의 부분군 $\{e, p, q\}$, $\{e\}$로 나누어졌다. 두 개의 부분군은 정규부분군이고 따라서 안정부분군이다. 각 군의 원소 수를 '세어' 보자. 원래 군은 원소가 여섯 개이고, 부분군은 원소가 각각 세 개와 한 개이다.

이것이 군들의 위수이다.

주어진 군의 위수를 그다음으로 큰 군의 위수로 '나누어' 보자. 그 결과로 생긴 수는 2와 3이다.

이것이 그것들의 지수이다.

위수와 지수는 도서관 사서의 명령*과 골동품 애호가의 고서점**을 연상시키는데, 이것들은 낯익은 피타고라스학파 사람들의 신경을 자극하는 구실도 한다. 위수와 지수를 다루는 이 간단한 작업이 끝나면 '소수'가 불쑥 나오기 때문이다.

수학자들의 표현을 빌면 정규군이 소수지수군 속에 차례대로 끼워져 있는, 이런 식의 절개를 허용하는 군은 가해可解이다. 이 용어 자체는 갈루아가 달성한 방정식과 그 해, 그리고 군과 부분군 사이에 광범하고 극적인 일치가 존재함을 암시한다.

이제 방정식의 세계로 돌아가야 한다. 방정식 $x^4 + px^2 + q = 0$의 근이 네 개라면 이 네 개의 근은 24가지 방법으로 순열을 만들 수 있다. 네 개의 명확한 개체들은 $n!$, 즉 $4 \times 3 \times 2 \times 1$가지의 순열을 만들 수 있다. 이 순열들은 네 개의 문자를 토대로 대칭군을 이룬다. 광의로 보면 이 군은 방정식 자체에 해당되는 군이다.

$-5 + 5 = 0$이듯이 $x_1 + x_2 = 0$이고 $x_3 + x_4 = 0$이라는 것은 분명하다. 이렇게 사소한 내용이 방정식의 근에 관한 사실로서 표현되었지만, 이것은 계수 p와 q에 관한 사실이기도 하다. $x_1 + x_2 = 0$이라고 말하는 것은 결국 결 $\sqrt{(-p + \sqrt{p^2 - 4q})/2} + (-\sqrt{(-p + \sqrt{p^2 - 4q})/2}) = 0$이라고 말하는 것이다. 어떤 독자는('물론 당신은 아니겠지만') 내 말을 그냥 믿으려 하겠지만, 복잡한 계산

---

* 위수order = 정숙!이라는 명령어로 해석되기도 함.

** 지수index = 찾아보기의 뜻도 있음.

은 필요하지 않다.

그러나 24개의 원래 군 가운데 '몇 가지' 순열만이 이 제한을 만족시킨다. $x_1 + x_2 = 0$이지만 $x_3 + x_2$는 0이 아니다. 24명의 병사가 한 줄로 정렬했을 때 몇 가지 재배치만 키 순서를 유지하고, 다른 재배치로는 키 순서가 유지되지 못한다. 갈루아는 제한에 따르는 이런 순열의 개념을 이용했다.

실제로 원래의 24개 순열 가운데 $x_1 + x_2 = 0$이고 $x_3 + x_4 = 0$인 제한을 충족시키는 것은 여덟 개뿐이다. 사실상 이것들도 전체의 부분군인 군을 이룬다. 대칭군과 부분군의 위수는 24와 8이고, 따라서 지수는 3이다.

갈루아는 지적 활동을 멈추지 않고 이 절차를 반복했다. 새로운 제한이 순열을 지배하게 된다. 그렇게 해서 새로운 부분군이 나타난다. 첫 번째 제한을 충족시키는 여덟 개의 순열 가운데 네 개만이 두 번째 제한을 충족시키기 때문이다.

이 절차는 항등원만 남을 때까지 반복된다. 군과 부분군의 위수와 지수는 다음과 같다.

$$G \supset SG \supset SG \supset SG \supset \{e\}$$

24	8	4	2	1
	3	2	2	2

이것이 가해한 군들이다. 부분군은 정규부분군이고, 있어야 할 곳에 소수가 있다. 한편 말굽 모양의 기호 $\supset$는 포함을 의미한다. 갈루아는 방정식은, 본질적으로, 군을 이룬다는 것을 깨달았다. 갈루아는 수학자들이

늘 하고자 했던 것을 할 수 있었다. 그것은 복잡한 개념을 없애기 위해 단순한 개념을 이용하는 것이었다. 없앤다는 것은, 무익한 기호와 함께, 방정식에 대한 관심을 끊고 군에게로 관심을 돌리는 것을 의미한다.

이 모든 것들이 분명히 보였을 때('갈루아에게는 시간이 없었다') 모래가 빠져나가고 풀 수 있는 방정식과 풀 수 없는 방정식 사이에 명확한 경계선이 드러났다. 이 선은 처음부터 있었으나, 이전에는 결코 보이지 않았다.

모든 것이 여전히 불확실했고(아직도 갈루아가 죽기 전날 밤이었다) 운명 지워진 대로 나아가려고 하고 있었다. 그러나 모든 것이 변했다.

우리는 동틀 무렵에 갈루아를 따라갈 수 있을지 모르나 그 뒤에는 작별을 고해야 한다. 일련의 차례로 끼워져 있는 부분군은 지수가 소수인 정규부분군으로 구성되어 있을 때만 가해이다. 이것이 군과 그 부분에 관한 사실이다. 방금 말한 4차방정식의 예는 갈루아에게 극적이고도 광범위한 가설을 제시했고, 갈루아는 이것으로 죽음을 넘어서서 불멸의 명성을 얻었다. '방정식은 관련된 군이 가해한 일련의 부분군을 함유할 때에만 근호로 풀 수 있다.'

이제 대단한 지적 드라마의 마지막 단계에 접어들었다. 그것은, 짐작한 대로, 자연이 4와 5 사이를 조심스럽게 구분했다는 것과 관련이 있다. 미지수가 5제곱인 방정식은 근이 '다섯' 개이다. 따라서 이 방정식은 위수가 $5!$, 즉 $5 \times 4 \times 3 \times 2 \times 1$인 대칭군으로 표현될 수 있다. 이 점에서 이상할 것은 없다. 공교롭게도 대칭군에서 두 번째로 큰 부분군은 위수가 $n!/2$이다. 남아 있는 유일한 부분군은 항등원이다. 위수가 $5!$인 대칭군에서 부분군을 나누면 다음과 같은 것들이 생긴다.

$$G \supset SG \supset \{e\}$$

$$120 \quad 60 \quad 1$$

$$2 \quad 60$$

마지막 지수(60)는 반항하는 듯 보이는 비非소수이다.

갈루아는 군과 부분군 개념을 이용하여 어떤 방정식은 근호로 풀리고 어떤 방정식은 풀리지 않는 이유를 밝혔다. 그러나 근호에 의한 가해성이 군에 의한 가해성에 달려 있다면 군에 의한 가해성은 어떤 숫자들의 성질에 달려 있다. 이것은 수가 만물의 근원이라는 옛날 피타고라스학파 사람들의 말을 다시 떠오르게 한다.

동이 틀 무렵 갈루아의 사상적 생명은 경각에 달렸다. 갈루아는 죽을 각오를 했고, 그리고 죽었다. 갈루아는 죽기 전날 쓴 글('유서')을 친구 오귀스트 슈발리에Auguste Chevalier에게 맡겼다. 잉크가 번지고 열정으로 가득 찬 원고는 수학자들의 숭배의 대상이 되었다. 밉살스러운 페슈 헤르빈빌은 자신이 수학에서 차지하는 역할을 한 번 더 생각했는지 모르겠지만, 그것을 드러내지는 않았다. 스테파니 펠리케 포테린 드 모텔은 역사에서 사라졌다. 1846년 프랑스의 수학자 요제프 리우빌Joseph Liouville은 갈루아의 마지막 글을 편집하여 『수학 저널Journal de mathématiques』에 실었다. 그러나 아무도 거들떠보지 않았다. 갈루아의 결투가 있은 지 거의 40년 뒤인 1870년에야 카미유 주르당Camille Jourdan이 자신의 대수학 논문 「방정식 대수학과 대체 속성Traité des substitutions et des équations algébriques」에서 갈루아의 이론을 꽤나 정확하게 제대로 설명했다. 갈루아의 업적은 알베르트 아인슈타인이 태어나기 10년 전, 현대가 시작되는 시기에, 과학계에 온전히 받아들여졌다. 1907년 헤르만 민코프스키Hermann Minkowski가 아인슈타인의 특수상대성이론을 수학적으로 뜻이 통하게 풀어 썼다. 민코프스키는 아인슈타인이 예견한 시간과 공간의 융합을 군 언어로 보여 주었다.

갈루아의 개념이 알려짐으로써 수학자들은 건축 체계(군뿐만 아니라 반군, 단순군, 단순반군, 아벨군, 리군, 그리고 군을 넘어 환, 체, 격자, 이데알까지도)가 수 자체의 변하는 표면 밑에 노출되었음을 알았다. 사상의 발달 단계 가운데 거의 같은 시기에 놀라운 발전을 경험한 화학자들은, 무기화학 개념 덕분에, 악취를 뿜는 여러 가지 화학 약품이 중부 유럽의 시험관과 플라스크에서 탁탁 튀는 세계 밑에 감추어진 놀랄 만한 새로운 세계를 볼 수 있었다. 그 세계는 무기물질이 스스로 족族들로 정렬되고 족 사이와 족 내부의 상호작용이 상당히 명확한 결합과 연합 법칙에 따라 이루어지고 화학 반응식이 화학 구조에 적합하게 조정되고 화학 구조가 몇 개의 우아하고 단순한 원리에 의해 결정되는 고도로 조직된 세계였다. 무기화학이 눈으로 보이는 세계 밑의 안정된 세계를 드러냈다면 대수학도 그러했다, 그것도 정확히 같은 방법으로. 19세기의 표준 과학사는 수리물리학과 수리해석학을 전면에 두었지만, 19세기의 대항 역사에서 가장 중요한 것은 무기화학과 대수학이다.

갈루아를 뒤이은 수학자들은 군이 그 자체로 그리고 그 자체를 위하여 연구될 수 있음을 깨달았다. 군의 내적 성질은 매혹적이다. 유한단순군은 정규부분군을 포함하지 '않고', 성질이 매우 다양하다. 지난 25년 사이에 십여 나라의 수학자들이 수천 쪽에 달하는 역작을 써서 부분군을 여러 가지 종류로 분류하는 데 성공했다.

그러나 모든 심오한 수학적 개념과 마찬가지로 군 개념도 수학자의 기호 너머에 있는 세계의 본질에 대해 무엇인가를 보여 준다. 20세기 초에 소푸스 리Sophus Lie는 이산적인 군뿐만 아니라 연속적인 군이 존재함을 발견하여 사람, 행성, 양자가 방해하지 않고 운동하는 세계, 즉 '우리가 사는' 세계와 대수학적 개념 사이의 놀랄 만한 연관성을 밝혀냈다.

자연에서 가장 기본적인 과정과 군론 사이에는 왕도가 있다. 어떤 군은 부드럽게 주위를 돌고 도는 연속적 회전을 표현하거나 반영한다. 현재의 이론에 따르면, 중성자와 그 이전에 발견된 양자는(중성자는 전하가 없고, 양자는 양전하를 띤다) 아이덴티티를 대부분 잃고 하나의 개체, 즉 핵자 nucleon(인도의 신처럼 여러 가지 모습으로 나타나는)로 간주된다. 핵자가 위쪽으로 스핀하면 양자가 나타나고, 아래쪽으로 스핀하면 중성자가 나타난다. SU(2)라는 군은 이런 회전에서 같은 것으로 남아 있는 것과 변하는 것을 표현한다. 새로운 개념과는 무관하다. 대칭은 대칭으로 남고, 무엇인가가 군으로 포착되었다.

1960년대 초에 소립자물리학자들은 여러 가지 실험을 하다가 빛나는 흔적을 남기면서도 안정된 패턴으로 분류되기를 거부하는 불안정한 물체인 새로운 소립자군에 직면했다. 그것들을 조직적으로 분류할 필요가 대두되었다. 머레이 겔만Murray Gell-Mann과 유발 네만Yuval Ne'eman은 SU(2)가 더 큰 군(가공의 SU(3))의 부분군이고 소립자를 SU(3)에 따라 분류하면 8중 대칭이 나타나고 여러 종류의 입자들이 매우 직관적인 부분군들로 분류된다는 사실을 알았다. 군으로 특정된 물리적 8중항*들 중 있어야 할 구성 입자 하나를 빠뜨린 것처럼 보였을 때 겔만과 네만은 그 빠진 소립자가 거기에 분명히 존재하고 언젠가는 발견될 것이라고 예언했다. 예언은 적중했다.

처음부터 고전적 방법으로 훈련받은, 많은 위대한 수리물리학자들은 자신들이 너무 난해하다고 여긴 군론이 달성한 이 극적인 마법 같은 결과에 깜짝 놀랐다. 수학자들은 이 모든 것을 재빨리 따라잡았고, 사람들(주로 물리학자)이 요란을 떠는 것을 이상하게 생각했고, 몇몇 수학자는 자신들이 시도하기만 했다면 SU(3)의 유용성을 즉시 알아보았을 것이라고 노골적으로 말하기도 했다. 저마다 그 나름대로 옳았다. 고전적으로 훈련받은 물리학자들은 깜짝 놀랐다는 점에서 옳았고, 수학자들은 자신들이 같은 발견을 했을지도 모른다고 생각한 점에서 옳았다. 겔만과 네만은 자신들의 업적이 혁명적이라고 생각했다는 점에서 누구보다 옳았다. 기이하게도 물리학자도, 수학자도 매혹적이고도 단명한 소립자 무리가 자신들을 매우 편리한 군에로 조직할 생각을 한다는 것이 놀랄 만한 일이라는 것을 깨닫지 못했다.

이 굉장한 체계를 존재하게 한 것은 홀로 고립되고 자신의 미성숙한 분노에 갇혔던 에바리스트 갈루아였다.

---

* 겔만의 8정도 이론에서 소립자들의 분류 구성원.

7.

비유클리드 기하학

수학의 주제 가운데 이만큼 섬뜩한 것도 드물 것 같다. '비유클리드'라는 말은 뜻밖의 차원이 공간에 추가되기도 하고 사물이 휘어짐으로써 뒤집어 보이기도 하고 거꾸로 보이기도 하는 별난 우주를 암시한다. 1915년 알베르트 아인슈타인이 구식이었던 뉴턴의 힘 대신 휘어진 공간과 시간이 등장하는 중력 이론을 주창했을 때 사물이 상상 이상으로 특이하다는 생각이 널리 퍼졌다. 그러나 이런 생각은 잘못된 것이다. 물론 비유클리드 기하학은 특이하지만 기하학자들의 낯익은 일상 세계에서는 공간이 평평하고 각이 예리하고 곡선만이 구부러진 것이기 때문에 특별히 특이한 것도 아니다.

　비유클리드 기하학은 수학자의 자의식을 확대시키는 도구이다. 그래서 비유클리드 기하학은 인간 정신이 자신을 발견하려는 자신을 발견하려 하고 또 그런 식으로 무한히 이어지는, 오래되고 어렵고 광대한 행위의 에피소드이다.

　수학자들은 출생과 사망으로 시간을 나타낸다. 위대한 수학자일수록

날짜가 상서롭다. 카를 프리드리히 가우스Carl Friedrich Gauss는 1777년에 태어나 1855년에 죽었다. 가우스는 수학이라는 무대에 들어왔다가 나간 것만으로 한 시대에 획을 그었다. 가우스를 흔히 수학의 황제로 부른다. 이 말은 가우스가 설령 '진짜 황제'가 아니었다 하더라도 귀족적 신중함과 뛰어난 지성의 소유자였음을 암시한다. 가우스는 초등학교를 다닐 때부터 유명한 일화를 남겼다. 몹시 엄격한 선생님이 학생들에게 1부터 100까지 더하는 문제를 냈다. 가우스는 석판에 정답을 쓰고는 즉시 엎어 놓았다. 다른 착실한 학생(지적으로 뛰어나지 못한 시골뜨기인)들은 1에 2를 더한 후 다시 3을 더하는 식으로 부지런히 석판을 긁었다.

가우스는 다음과 같이 추론했다. 100 + 1 = 101. 이렇게 하면 두 수가 처리된다. 마찬가지로 99 + 2 = 101. 이런 식으로 첫 번째 수와 마지막 수를 계속 더해 나가면 결과는 '늘' 101이다. 1에서 100까지를 더하려면 이런 과정을 몇 번 반복하면 될까? 그다음에 나오는 생략 기호(……)는 햇볕이 잘 드는 교실에서 석판을 긁고 있는 착실한 학생들과 영리한 가우스의 차이점을 잘 보여 줄 것이다…….

청년기의 가우스는 생각을 종이에 다 옮겨 적을 수 없을 만큼 아이디어가 자주 그리고 풍부하게 떠오른다는 것을 알았다. 젊은 시절의 가우스는 브룬스비크Brunswick 공 페르디난트Ferdinand의 후원을 받은 덕분에 재정적으로 어려움을 겪지는 않았다. 브룬스비크 공이 프러시아 군을 이끌고 나폴레옹의 프랑스군과 전투를 벌이다 치명상을 입었을 때 가우스는 괴팅겐 대학의 천문학 교수 자리를 확보했을 만큼 이미 유명해져 있었다. 가우스는 우아한 만년까지 정열을 간직하지는 않았지만, 젊었을 때부터 뛰어난 창의성을 보였다. 그러나 동물적 생명력을 보인 사고와 다른 사람과 너무 거리를 두어 다가가기 몹시 힘든 외적 태도는 뚜렷한 대조를 이루었다. 가장 귀한 보석만 진열해 놓는 파리의 보석상처럼 가우스는 완벽하고 명료하다고 생각되는 논문만 발표했다.

필자도 그런 원칙에 따른다.

수학자와 철학자들은 2,000년 이상 유클리드 기하학을 지적 완전함의 전형으로 여겼다. 『원론』에는 정의, 공리, 정리가 일렬로 늘어서고, 간결하고 힘 있고 명확한 증명이 그 뒤를 따랐다. 유클리드의 첫 네 공리는 2,000년 이상 당당히 자신감을 발했지만, 평행선 공리는 자신감이 좀 없는 듯이 보였다. 이것은 수학자라면 누구나 알았고, 아마추어들도 알았다. 이것은 '틀린 것'은 아니다. 틀린 것은 분명히 아니다. 점, 선, 팬케이크 같은 평면은 주어진 직선 밖의 한 점을 지나고 이 직선에 평행한 선은 단하나만 '존재함'을 보여 주기 때문이다. 틀린 것은 아니지만, '명백히' 옳은 것도 아니다. 적어도 유클리드 기하학의 그 밖의 공리만큼 옳지는 않다. 틀린 것도 아니고 명백히 옳은 것도 아니라면 도대체 무엇인가? 유클리드의 평행선 공리는 첫 네 공리만이 확실한 유클리드 체계의 위장된 '정리'일지도 모른다. 유클리드 체계의 정리는 공식화 과정이 복잡하다는 점에서 대개 평행선 공리와 '비슷'하고, 정리는 성질상 정리를 낳는 공리보다 덜 명백하게 마련이다.

수학자들은 유클리드의 평행선 공리를 증명하려고 오랫동안 노력했다. 역사적으로 보면 수학자들의 노력이 문제 해결에 도움이 되지 않았다는 점에서 평행선 공리는 특이하다. 18세기 초 지롤라모 사케리Girolamo Saccheri와 몇 년 뒤 요한 람베르트Johann Lambert는 독창적인 논증을 펼쳐 평행선 공리를 부정하면 모순에 빠짐을 보여 주었다. 참을성 있는 수학자들은 두 사람의 논증을 검토한 뒤에 두 사람이 힘들여 입증한 증명이 이런저런 방식으로 논쟁의 초점, 즉 평행선 공리를 전제로 함을 알았다. 가우스는 자기기만을 식별하는 데 뛰어난 수학자였다. 가우스는 어디서, 어떻게 평행선 공리의 여러 가지 증명이 자신에로 되돌아가는지 일기나 편지에 기록했다.

19세기 초까지 많은 수학자들은 유클리드의 평행선 공리를 증명할 수 없을지도 모른다고 생각했다. 평행선 공리는 다른 공리와 독립되어 있었고, 그 근거도 달랐다. 가우스가 꽤나 의심을 품고 열심히 읽은 『순수이성비판Kritik der reinen Vernunft』에서 임마누엘 칸트Immanuel Kant는 공간과 시간은 직관의 순수 형태이고 마음에 의해 주어지고 고정된 것이라 주장했다. 유클리드 기하학의 공리는 인간의 마음을 벗어날 수 없다는 점에서 우리의 사고를 지배한다. 이런 식으로 칸트는 스트레스를 받아 부서지려는 유클리드 기하학에 힘을 실어 주었다. 가우스는 여전히 미심쩍어하면서 예언자적 의구심을 책상 서랍에 털어 넣었고, 다른 수학자들이 유클리드 기하학에 '자신들의' 의구심을 표명했을 때 그것을 벌써 알고 있었다고 했다.

지금까지 필자는 단순히 우르릉거리는 소리만 들리다가 축축한 개념의 폭발이 일어난 것을 언급하는, 잘 알려진 수학적 우화의 윤곽만 제공했다. 그러나 이것이 이야기의 전부는 아니다. 비유클리드 기하학 발견은 인간 자각이 지연되다가 갑자기 달성된 순간을 대표한다. 아주 확실한 우르릉거림이 필경 다가올 진정한 혁명을 숨기고 있었다.

　헛웃음을 지으며 자신의 생각을 발표하지 않은 채 노트에 숨긴 가우스는 유클리드의 평행선 공리가 그 밖의 공리와 '독립되어' 있지 않을까 하고 의심했다. 이 헛웃음은 분명히 기하학적이었지만, 논리적이기도 했다.

　유클리드 기하학의 첫 네 공리는 기본적인 것을 다루고, 절대기하학의 공리라고 알려졌다.

　1. 임의의 점에서 다른 임의의 점으로 직선을 그을 수 있다.

　2. 주어진 유한 직선을 연장하여 계속 직선을 만들 수 있다.

　3. 임의의 중심과 반지름이 주어지면 원을 그릴 수 있다.

　4. 모든 직각은 서로 같다.

　플레이페어 공리는 의구심이 일어나는 곳인 다섯 번째 공리를 구성한다. 이 공리를 한 번 더 보자.

5. 주어진 직선 밖의 한 점을 지나면서 이 직선에 평행한 선은 하나뿐이다.

별표가 붙은 5의 부정 두 개는 다음과 같다.

5★. 주어진 직선 L 밖의 한 점을 지나면서 이 직선 L에 평행한 선은 '없다'.

또는

5★★. 주어진 직선 L 밖의 한 점을 지나면서 이 직선 L에 평행한 선은 적어도 '두 개' 있다.

살아 있는 수학자든 죽은 수학자든 모든 수학자를 연결하는 신경체계에 경련이 일어난다. 경련 하나는 가우스에게서 그의 대학 친구인 볼프강 볼리아이Wolfgang Bolyai에게 전해진다. 진지하고 끈기 있는 볼리아이는 평행선 공리를 지적 궤양으로 간주했다. 볼리아이는 "기하학에 이렇게 지독한 암흑이, 이렇게 영원한 어둠이, 이런 결함이 있다는 것, 순결한 진리에 이런 영원의 구름이 드리워져 있음은 믿을 수 없는 일이다"라고 썼다. 볼리아이는 거듭 증명을 시도하여 결과를 우편으로 가우스에게 보냈다. 그러나 가우스는 치명적인 오류에 분명한 설명을 덧붙여 바로 되돌려 보냈다.

볼리아이의 아들 요한Johann은 설명할 수 없는 직관에 힘입어 평행선 공리를 증명하려는 노력을 모두 단념하고 그 대신 평행선 공리가 증명될 수 있음을 부정하려고 생각했다. 요한은 영리한 아이였다. 요한은 유혹하는 멋진 별 두 개를 갖고 있는 5★★에 전념하여 그것에 모든 것을 걸었다. 요한은 그 공리가 공리 자체의 논리를 마음껏 펼치게 했다. 요한은 기뻐서 날뛰었다. 요한은 "나는 무에서 새로운 세계를 창조했다"라고 썼다. 요한의 아버지는 깜짝 놀랐다. "평행선 연구를 그만두어라. 이 길이 끝에 이르렀음을 나는 알고 있다. 나는 모든 빛을 끄고 인생의 모든 기쁨을 없애는 이 바닥 모를 밤을 지나왔다. 제발 평행선 연구만은 그만두어라." 이런 대화에는 예전과는 달리 더는 통하지 않는 일종의 수학적인 경외감에 대한 호소가 느껴진다.

다른 경련이 있다. 이 경련은 동쪽으로 1,440킬로미터나 뻗어가 러시아의 카잔대학 수학 교수이자 후에 성공적인 행정가가 된 니콜라이 이바노비치 로바체프스키Nikolai Ivanovich Lobachevskii를 건드렸다. 히스테리컬한 볼리아이 부자보다 덜 멜로드라마틱한 로바체프스키는 건장한 수학자였다. 스벵가리Svengali*처럼 잘생긴 얼굴에다가 검은 머리카락, 우뚝 선 코, 조소라도 하듯 비뚤어진 입을 한 로바체프스키는 기하학에 몰두하지 않는 시간에는 끊임없이 여성들을 유혹하는 부업에 뛰어들 준비가 된 사람이었다. 로바체프스키는 유클리드의 평행선 공리의 부정을 당연하다는 듯 별다른 정신적 고민 없이 받아들였다.

어쨌든 로바체프스키는 평행선 공리 문제에 계속 매달렸다. 로바체프스키는 제5공리를 공리 5★★로 간단히 대체해서 비유클리드 기하학의 한 형태를 창조한 또 다른 불운한 수학자였다.

그 결과는 오늘날 쌍곡기하학이라고 부른다. 이와 달리 공리 5★는 타원기하학 또는 쌍타원기하학을 낳았다. 어느 경우든 공리 1~4에 공리 5★과 공리 5★★가 추가됨으로써 유클리드 기하학의 정리에 큰 영향을 미쳤다. 로바체프스키가 『카잔 메신저The Kazan Messenger』에 발표한 논문에서 사용한 추론은 단순한 것이었지만, 자신의 방법을 암시하기에는 충분했다. 첫 단계는 유클리드를 따른다. 직선 AB와 이 직선 밖의 점 C가 있다. 그러다가 로바체프스키는 갑자기 유클리드, 전통, 상식을 벗어난다. C를 지나는 '모든' 직선은 두 부류로 나누어질 수 있다고 확신했다. 곧 AB와 만나는

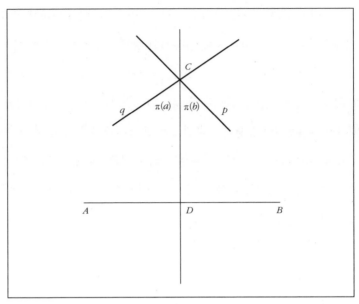

그림 7.1

것도 있고, 만나지 않는 것도 있다. AB와 만나지 않는 직선은 경계선 p, q 에 의해서 나머지와 분리된다. 이 경계선은 '둘 다' AB에 평행하다고 로바 체프스키는 확신했다. 유클리드의 평행선 공리는 주저 없이 취소되었다 (그림 7.1).

로바체프스키는 직선 DC의 한 쪽에 있는 직선들 Dcq와 그 직선의 다른 쪽에 있는 직선들 Dcp에 의해 만들어지는 각들을 생각해 보라고 했다. $\pi(a)$ 보다 작은 각을 이루는 직선은 모두 궁극적으로 직선 AB와 교차할 것이고, $\pi(a)$보다 큰 각을 이루는 직선은 모두 직선 AB와 교차하지 않을 것이다.

$\pi(a) = \pi/2$, 즉 90도라면 이 기하학 버전과 유클리드 기하학 버전은 일 치한다. 잃은 것도 없고, 또한 얻은 것도 분명히 없다.

이제 '만약', '어떻게 되나', '는'으로 이루어진 질문들이 따라 나온다.

'만약' a^*가 감소하여 0에 가까워지면? $\pi(a)$는 증가하고 $\pi/2$에 가까워진다.

'만약' a가 무한에로 증가한다면? $\pi(a)$는 0에 가까워진다.

삼각형의 내각의 합은 '어떻게 되나?' 삼각형의 내각의 합은 언제나 π보다 작다. 그러나 삼각형의 면적이 커지면 내각의 합은 감소하고, 삼각형의 면적이 줄어들면 내각의 합은 π에 가까워진다.

피타고라스 정리는 '어떻게 되나?' 피타고라스 정리는 복잡한 공식 $2(e^{c/k} + e^{-c/k}) = (e^{a/k} + e^{-a/k})(e^{b/k} + e^{-b/k})$으로 주어진다. 이때 e는 5장에서 말한 e이고 k는 결과를 옳게 나오게 만드는 데 필요한 상수이다.

원주 '는'? 원주 '는' $\pi k(e^{r/k} + e^{-r/k})$이다.

물론 로바체프스키가 해낸 유클리드 기하학의 개념 조정은 그것이 받아들일 만한 것인지 아닌지, 받아들일 만하더라도 필요한 것인지 아닌지를 수학자들에게 말해 주지 않는다. 로바체프스키와 볼리아이는 플레이페어 공리를 그 부정으로 대체했다. 그러나 두 사람은 그 대체가 어떤 의미가 있는지 증명하지 못했다. 그들은 아무런 그림도 제공하지 않았다.

뭔가 더 환상적인 것이 논의되고 있다고 생각했는가?

그렇다면 당신 생각이 틀렸다.

공리 5★★가 '참'인지 아닌지는 잠시 접어 두라. 문제는 공리 5★★가 유클

---

* CD의 거리.

리드 기하학의 다른 공리와 '모순을 일으키지 않느냐'는 것이다. 이것은 수학 문제가 아니라 논리 문제이다. '모든 고래는 크다'는 명제와 '모든 고래는 포유동물이다'는 명제는 두 명제를 같이 주장할 때 오류를 범하는 사람이 없다는 점에서 모순되지 않는다. 그러나 '모든 고래는 포유동물이다'는 명제와 '모든 고래는 물고기이다'는 명제는 모순된다. 어떤 물고기도 포유동물이 아니기 때문에 이 두 명제는 바로 모순을 낳는다. 고래의 경우에는 큰 고래를 힐끗 보는 것만으로도 명제가 모순되지 않음을 쉽게 알 수 있다. 비슷한 원리가 비유클리드 기하학에도 적용된다. 한 번 보는 것만으로 충분하다. 비유클리드 기하학이 모순되지 않음을 알려면 추상적 그림, 다시 말해 실제 우주에서 감각적으로 꼭 필요한 것들을 모두 벗기고 공리에 의미를 주는 데 필요한 특성만 보여 주는 가공의 우주를 제공하는 것으로 충분하다. 이런 추상적 그림을 모델이라 한다.

보통의 유클리드 기하학에도 모델이 있음을 의심한 사람은 없다. 우리가 사는 이 세계가 하나의 예이다. 로바체프스키의 공리에도 모델은 있다. 로바체프스키 모델이 발견됨으로써 흔히 비유클리드 기하학이라는 신경체계는 충격을 받았다. 1866년 이탈리아의 기하학자 에우제니오 벨트라미Eugenio Beltrami는 쌍곡기하학이 의구擬球*의 표면에 의해 모델이 될 수 있음을 증명했다. '표면'임에 주의하라, '오로지' 표면이다. 수학자의 상상력은 벨트라미의 표면 둘레에 로바체프스키의 평면을 싸는 데 도움이 되어야 한다(그림 7.2).

---

* 점근선을 축으로 하여 호 곡선을 회전시켜 생기는 곡면.

완전히 쌀 수는 없지만 싸기는 쌀
수 있다. 표면이 싸여지면 주어진 선
에 평행한 선이 공간에서 증식하기
시작한다. 그러나 옛날 평행선 곧 '유
클리드' 기하학의 평행선은 분명히
증식하지 않는다. 일정한 음의 곡률
을 갖는 표면에서 유클리드 기하학
의 직선은 의미 변화를 겪는다. 직선
도 아니고 곧다고도 할 수 없는 유클
리드 기하학의 직선은 두 점 사이의
최단거리를 잇는 호인 '측지선'임이
밝혀졌다.

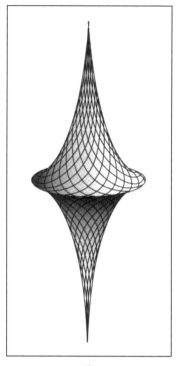

그림 7.2

유클리드 기하학을 이렇게 조정하
는 것이 허용되면 유클리드의 평행
선 공리는 순순히 물러난다.

한 점을 지나면서 주어진 선에 평행한 선들은?

그런 선들은 많다.

로바체프스키보다 약 30년 뒤에 논문을 쓴 앙리 푸앵카레Henri Poincaré는
훨씬 더 직관적인 쌍곡기하학 모델을 내놓았다. 이 모델은 오늘날 푸앵카
레 디스크라고 한다. 어떤 점에 이르기까지 이 디스크는, 그림에서 보는
것처럼, 평평하기도 하고 원형이기도 하고 경계가 있는 유클리드적 영역

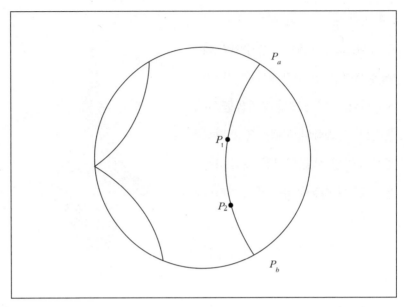

그림 7.3

이기도 하고, 깊이가 없는 접시 같기도 하다. 디스크 안의 점은 유클리드
적 점이다. 그러나 푸앵카레 디스크의 '선들'은 경계에서 직각으로 교차
하는 원호들로 이루어진다(그림 7.3).

　푸앵카레 디스크를 쌍곡기하학의 모델로 바꾸는 것은 거리의 정의이
다. 디스크 원주 위의 두 점 P_a와 P_b 사이에 걸려 있는 호를 생각해 보라.
푸앵카레(상식이 아니라)에 크게 감명을 받은, 호를 따라 기는 달팽이는 두
점 P_2와 P_1 사이의 거리가 얼마든 간에 P_1과 P_a 사이에 남은 거리가 무한
하다는 이상한 현상에 부딪힐 수밖에 없다. 이것은 두 점 사이의 거리가
가깝게 보일수록 더 멀어진다는 원리를 수학적으로 그려 보인 것이다. 그
냥 사라지는 유클리드의 정의를 대체하는, 적절히 수정된 거리의 정의가

이 이상한 공간의 특성을 사로잡았다. 복소좌표가 z와 w인 P_1과 P_2 사이의 푸앵카레 거리는, $2\ arctanh\ \{(z-w)/(1-wz\star)\}$으로 정의된다. 여기서 $z\star$는 z의 켤레복소수이고, $arctanh$은 늘 주위를 돌아다니는 덜 중요한 삼각함수 가운데 하나이다. 이 정의는 푸앵카레 디스크의 경계를 현弦 위의 어떤 점으로부터 영원히 무한한 거리가 되게 하는 효과가 있다.

푸앵카레 디스크는 두 가지 상당한 의미의 조정을 거쳐 수학자의 상상력을 사로잡는다. 유클리드 평면상의 선은 모양을 바꾸어 호가 되었다. 유클리드 평면상의 거리는 극적인 변형을 겪어 유한하던 유클리드의 거리가 무한해졌다. 이러한 변화가 적절하면 유클리드 기하학의 첫 네 공리는 충족된다. 그러나 플레이페어 공리는 푸앵카레 디스크에 적용되지 않는다. 주어진 선에 평행한 선은 무한히 많고, 이러한 선은 그 어떤 것도 주어진 선과 교차하지 않고, 모두 무한히 물러나는 경계를 열심히 뒤쫓고 있다.

비유클리드 기하학의 도래는 이 모든 가공의 충격에 무엇을 약속하는가? 흥분이 남는다는 것은 분명하다. 그러나 이 흥분은 그럴듯해 보이지만 실제로는 별것 아닐지도 모른다는 의구심으로 상당히 희석된 것이다. 이 의구심은 비유클리드 기하학이 논리적 타당성을 얻게 된 바로 그 도구 때문에 나온다. 유클리드의 평행선 공리는 푸앵카레 디스크에 적용되지 않는다. 적어도 논리학자가 만족할 만한 점을 설정하는 데는 모델만 있으면 된다. 상식적으로 보면 불만스럽게도, 기존의 유클리드 선 공식과 거리 공식의 의미를 단순히 바꾸는 것만으로도 많은 것이 달성되었다. 유클리드의 평행선은 흔들리는 호가 되었다. 주어진 점을 가로지르는 평행선이 많다는 것은 당연하다. 유한한 거리가 무한해졌다. 유한한 호가 직선이라고 불리는 것도 당연하다. 기존 용어의 뜻이 해체될 수 있다면 용어는 거꾸로 구성될 수도 있다. 그 경우에 쌍곡기하학의 정리는 유클리드 기하학의 정리가 된다. 이것은 유클리드의 선 공식과 거리 공식이 원래 상태로 회복되면 분명해진다. 이때는 공리 5★★조차 평면 위의 어떤 호들에 대한 성질을 기술하는 보통의 유클리드 정리가 된다.

플레이페어 공리의 부정이 유클리드 기하학의 절대 공리와 모순된다면 그 모순으로 유클리드의 평행선 공리를 증명하는 방법이 열려 있을 것이다. 관습적 해석에 따른 유클리드 기하학의 어떠한 정리라도 푸앵카레 디스크에서 거짓이라면 그 정리들은 '모두' 거짓이 될 것이다. 디스크, 현, 호, 각, 선은 모두 유클리드 기하학을 반영하고 그것을 모델로 삼은 보통 세계의 일부이기 때문이다. 별로 고민할 것도 없이 쌍곡기하학에서 유클리드 기하학에로 황급히 되돌아가는 것은 가능하다.

논리적으로 보면 이것이야말로 우리가 원하는 것이다. 이것은 유클리드 기하학이 모순되지 '않으면' 쌍곡기하학이 모순되지 않음을 말한다. 그러나 '우리' 처지에서 보면 무언가 잘못되어 있다. 비유클리드 기하학이 없애리라고 생각되었던 유클리드 기하학의 지배가 단순히 재확인된 것에 지나지 않은 상황이 되기 때문이다. 이것은 마치 환각지幻覺肢*가 끊임없는 지적 가려움과 엄청나게 신경질적인 수다로 생각에 자신의 존재

---

* 사지가 절단된 뒤에도 마치 그것이 존재하는 것 같은 느낌.

를 새기는 것과 같다.

　가우스와 베른하르트 리만Bernhard Riemann의 업적으로 비유클리드 기하학을 유클리드 기하학에 연결하는 탯줄이 마침내 잘라졌다. 두 사람의 업적은 정말 기묘했고, 우리의 경험과 예상을 완전히 뒤집는 것이었다. 길을 발견한 사람이 가우스라면 그 길을 따라간 사람은 리만이었다. 1826년 하노버 근처의 마을에서 태어난 리만은 수학사에서 비극의 주인공 가운데 한 사람이다. 물론 리만은 뛰어난 수학자였고, 어릴 때부터 재능을 나타냈다. 그러나 리만에게는 해저 취향이라고 부를 수밖에 없는 것이 따라다녔다. 리만은 인생의 밑바닥을 보았고, 그의 인생은 헤어날 수 없는 불행의 연속이었다. 걸핏하면 아프고 늘 가난에 시달렸던 리만은 가족에게 헌신했다. 그러나 가족은 낭비를 일삼다가 제 명에 못 죽었고, 리만은 결핵을 앓다가 한창 재능을 꽃피울 나이인 40세에 죽었다. 점잖고 교양 있던 리만은 슈베르트가 음악에서 차지하는 것과 비슷한 지위를 수학에서 차지했다. 둘 다 재능이 뛰어났으나 몹시 불행했다.
　리만이 볼리아이나 로바체프스키의 논문을 직접 읽은 것 같지는 않다. 리만은 자신의 모델, 곧 보통 구체 표면에서의 비유클리드 기하학 모델을 만들었다. 역시 의미가 달라졌다. 유클리드의 평행선은 그 중심이 구체 자체의 중심인 큰 원이 되었다. 이렇게 의미가 조정되고 보니 유클리드의 평행선 공리는 분명히 성립되지 않게 되었다. 주어진 점을 지나면서 주어진 직선에 평행한 선이 없었기 때문이었다. 큰 원은 조만간 모두 교차한다. 그러나 구체는 여전히 유클리드적 물체이어서 벨트라미의 의구처럼

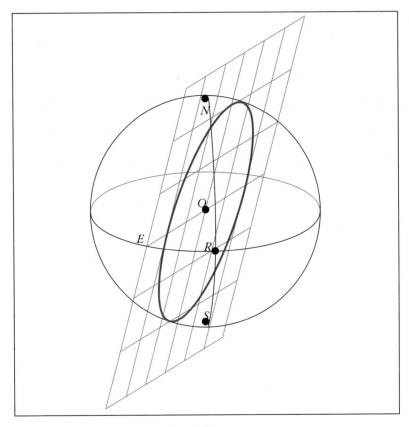

그림 7.4

'보이지만 보이지 않는' 성질을 드러낸다. 의미의 조정을 통하여 비유클리드의 보증서를 획득한 구체는 의미의 조정이 중지되는 순간 그 보증서를 포기한다.(그림 7.4).

바로 이런 이유로 가우스와 리만은 특수한 비유클리드적 모델을 둘러싸는 더 큰 세계를 가정하지 않는 '진정한' 기하학 체계를 만들어야 할 필요성을 처음부터 인식했다. 그런 체계는 푸앵카레 디스크의 직선을 따라 천천히 움직이는 달팽이(앞에서 예를 든)에 완전히 적용될 것이었다. 여기 달팽이가 있고, 그의 국소적인 행위가 있다. 그리고 바로 '그 사실'에서 시작해서 수립될 수 있는 무엇인가가 있다. 구체 표면을 그 나름대로의 공간으로 정의함으로써 가우스는 그 달팽이를 수용할 조치를 벌써 취했다. 가우스의 지휘 아래 달팽이는 세 번째 공간 차원에 대한 감각을 모두 잃었다. 예를 들면 달팽이는 올라가지도 않고, 또한 내려가지도 않는다. '우리'가 보면 위로 기어 올라가는 것으로 보이지만 이 달팽이는 높이를 수용할 방법이 없다. 달팽이가 조금이라도 사물에 관해 생각할 능력이 있다면 자기가 상승할 수 없는 사실을 자기의 어떤 노력도 거부하는 불가해한 힘으로 설명할 것이다.

리만은 「기하학의 기초를 이루는 가정에 대하여Über die Hypothesen, welche der Geometrie zu Grunde liegen」라는 제목의 강연으로 자신의 생각을 수학계에 소개했다. 이 논문은 수학사에서 위대한 문서 가운데 하나이고, 깊이가 있고 계산이 많지 않다는 점에서 특기할 만했다. 가우스는 몸소 리만의 강연 주제를 제안했고, 강연장에도 참석했다. 그리고 후에 리만을 진심으로 칭찬했다. 젊고 말을 더듬는 리만은 이 깐깐한 노인을 열광시킨 극히 드문 수학자였다.

모든 위대한 수학적 업적과 마찬가지로 리만의 강연은 죽은 사람, 그중에서도 특히 데카르트와 대화를 나누면서 미래를 말했다. 데카르트는 평면 위의 모든 점에 한 쌍의 수를 할당하는 좌표 개념을 수학자들에게 소개했다. 데카르트가 창안한 좌표는 그런 점들이 존재하는 공간인 평면에 대한 이전의 이해를 바탕으로 한 것이었다. 리만은 이 관련성을 잘라냈다. 평면이 사라진다. 따라서 그 밖의 직관적인 공간 개념도 모두 사라진다. 그 대신 좌표 자체만 남는다. 리만은 이 좌표들이 자신이 다양체라고 부른 특수한 순서에 따른 수들에 지나지 않는다고 했다. 평면 대신에 정돈된 쌍들의 집합 $\langle x_1, x_2 \rangle$가 있고, 3차원 공간 대신에 3중항의 집합 $\langle x_1, x_2, x_3 \rangle$가 있고, n차원 공간에는 n개의 요소가 있는 n중항의 집합 $\langle x_1, x_2, \cdots, x_n \rangle$이 있다. 저 옛날의 피타고라스학파 사람들이 주목한 수들, 오직 수들만이 있다. 이렇게 하면 고차원 공간의 개념에서 그 신비로움을 비워내기에 상황을 매우 자유롭게 만든다. 5차원 공간은 보통 공간의 이상한 변형(수학자들만 볼 수 있는)이 아니고, 수들이 순서대로 모여져 집합을 이루는 장소가 된다. 끈 이론가들은 자신들의 최신 이론에 필요한 11차원 이야기를 할 때 잃어버린 여덟 개의 낯익은 공간 차원을 찾아보자고 서로를 격려하지는 '않는다'. 끈 이론가들은 수가 열한 개 있어야 자신들이 말하는 점을 특정할 수 있다는 것만 말한다. 그 점이 실제로 어디에 있는지는 관심의 대상이 아니다.

직관적인 공간 개념이 그의 다양체로 대체되자 리만은 다양체 개념에 못지않게 과감한 명제에 매달렸다. 그것은 그런 다양체 해석은 국소적이어야 하며 전적으로 한 점에서의 다양체의 성질에서 출발하여야 한다는 것이었다. 이것은 유클리드의 관점이 전혀 아니다. 유클리드의 관점에는 평면이 처음부터 주어졌다. 리만은 처음부터 거기에 존재하는 것은 '없고', 처음부터 거기에 존재하는 것이 없다면 거기에는 아무것도 없다고 생각했다. 외부에서 푸앵카레의 달팽이를 관찰하는 낯익은 유클리드적 수학자들의 모습도 사라진다. 달팽이만 홀로 남겨졌다.

자신의 해석을 국소적인 것으로 만들려고 함으로써 리만은 미적분을 자신의 여러 가지 구조물에 바로 끌어들일 수 있었다. 실수 함수의 미분은 결국 어떤 점에서('바로 그 점에서') 행해진 해석의 완전한 수학적 표현이다. 리만은 임의의 다양체 위의 두 점 사이의 거리를 정의함으로써 자신의 공간 해석을 시작했다. n차원까지 리만을 줄곧 따라가야 할 이유가 없다. 2차원만으로도 족하기 때문이다. 데카르트는 다음 공식으로 두 점 사이의 거리를 정의했다.

$$D(A, B) = \sqrt{(x_2-x_1)^2 + (y_2-y_1)^2}$$

이 정의는 피타고라스의 정리에 입각했고 옛날부터 사용된 것이다. 리만은 오늘날 2차 형식이라 부르는 것에 입각하여 거리를 정의했다. 두 점, 즉 두 쌍의 수는 처음부터 주어진다. 이 두 점이 u_1, u_2이다. 두 점 사이의 무한히 작은 거리를 ds라 하면 ds는 다음 공식으로 나타내진다.

$$ds^2 = g_{12}du_1du_2$$

방정식 우변의 g_{12}를 텐서라고 한다. 텐서는 이 점들이 어떤 관계를 즐길 수 있고 어떤 환경에서 즐길 수 있는지를 가리키는 지시처럼 생각해도 좋다. 이 방정식에는 수학 정보가 놀랄 만큼 많이 들어 있다. 수학 정보가 아주 많이 들어 있어서 이 방정식을 발표한 리만은 몇 세대 동안 수학계에 엄청난 연구 과제를 제공했다. 그러나 이 방정식은 뚜렷한 통속적인 의미도 있어 쉽게 접근할 수 있다. 이 방정식은 점 사이의 거리를 규정한다. 이런 점에서 이 방정식은 피타고라스의 거리 공식을 일반화한 버전이다. 거리가 2차 형식의 제곱근으로 정의되는 기하학을 리만 기하학이라고 한다.

우리가 활동하고 살고 있는 낯익은 물리적 공간은 이제 사라져야 하고, 리만 방식에 따라 훨씬 더 추상적이고 접근하기 어려운 대상으로 대체되어야 한다. 기하학의 일반 개념과 다양체에 관해 정의된 개념 사이의 연관성은 줄어들었지만, 단절되지는 않았다. 따라서 리만은 n개의 함수의 집합을 이용하여 n차원 공간에서 곡선의 개념을 정의할 수 있게 되었다. 2차원 공간에서는 두 개의 함수 $u_1(t)$와 $u_2(t)$가 필요하다. 각 함수는 곡선 상의 점을 특정하는 매개변수 t에 연계된다. 곡선을 정의할 수 있게 됨으로써 리만은 두 점 사이의 최단곡선, 즉 측지선을 정의할 수 있게 되었고, 또한 곡선 사이의 각 θ, 각, 측지선, 그리고 다양체 자체에서 생겨나는 곡선을 정의할 수 있게 되었다.

리만 해석의 이 부분은 국지적이고, 따라서 그의 원래 개념에 충실하다. 리만은 또한 다양체의 전역적인 성질, 특히 다양체의 전반적인 곡률을 정의할 수 있었다. 정의는 상상의 끝까지 늘어난다. 전체적인 곡률, 예를 들어 구체의 영원한 둥근 모습은 그 안에서 구체가 '둥근', 싸고 있는 공간을 동시에 보지 않으면 쉽게 보이지 않는다. 리만은 연구 대상인 공간 너머의 공간에 대해 아무런 가정을 하지 않고 전적으로 다양체 자체에서 정의된 수학적 양을 이용하여 전역적인 곡률을 구해 낼 수 있었다. 리만이 미적분에서 취한 필수 정의는 접선을 접면으로 일반화하는 것과 관련이 있다. 구체는 늘 굽어 있던 것처럼 계속 굽어 있다. 그러나 이제 구체는 계속 굽어 있기 위하여 자신 이외의 어떤 것도 필요로 하지 않는다.

리만은 공간의 전역적 성질을 통해서 자신의 공식에서 여러 가지 매개변수를 조정함으로써 유클리드적 공간, 타원 공간, 쌍곡 공간이 일반적인 공간 개념 자체의 특별한 경우로 나타날 수 있음을 이해하게 되었다. 이 일반적인 공간 개념은 수학에서 특수한 공간들이 생겨나는, 멀고도 감지할 수 없는 검은 배경으로 작용한다. 유클리드 공간은 적당한 텐서가 모두 1이고 그 결과로 곡률이 모든 점에서 같을 때 생긴다. 그러나 만곡이 다양체 위의 모든 점에서 변하는 이상한 공간도 있다. 말이 나왔으니 말이지 범위는 유한하나 끝이 없고, 측지선이 미지의 점을 향했다가 필연적으로 출발한 곳으로 되돌아오는 곳인 3차원 구체 공간은 대체 무엇인가? 눈으로 그려 볼 수 있는 힘은 모두 빠져나간다.

이런 개념 덕분에 수줍은 수학자 리만은 예언자 리만이 되었다. 추상적 공간, 그것도 여러 가지 방법으로 자신을 구체화할 수 있는 공간이 하나 있다면 우리가 사는 공간이 유클리드적 공간이냐 타원 공간이냐 쌍곡 공간이냐 또는 이도저도 아닌 이상한 공간이냐 하는 문제는 이제 수학 문제가 아니다. 리만은 "다양체에 작용하는 여러 가지 구속력 속에서, 다양체 밖에 존재하는 여러 가지 계량 관계의 근거를 찾아야 한다"라고 썼다. 리만이 이 말을 할 때 영적 세계에서 기다리다가 이 말을 들은 사람은 아직 태어나지도 않은 알베르트 아인슈타인이었다.

비유클리드 기하학에 정통한 사람과 비유클리드 기하학을 정복할 수 없는 괴상함의 원천이라고 생각하는 사람과의 논쟁은, 적어도 '수학'에서는 이제 잠재워졌다.

괴상하다고? 괴상함은 여전히 남아 있다, '어딘가에' 남아 있다. 그러나 공간에는 없고, 수학에도 없다. 이 괴상함을 물려받은 사람은 물리학자이다.

8.

집합

1855년이 저물 무렵 위대한 가우스는 임종을 앞두고 있었다. 이제 가우스는 죽었다. 가우스의 죽음과 함께 수학의 기나긴 과도기도 끝났다. 코시, 몽주, 라그랑주, 르장드르, 에르미트Hermite, 디리클레Dirichlet, 볼리아이, 로바체프스키, 그리고 베른하르트 리만이 개가 끄는 시간의 수레에서 떨어지거나 막 떨어지려고 하고 있었다. 카를 바이어슈트라스, 레오폴드 크로네커Leopold Kronecker, 에른스트 쿠머Ernst Kummer, 리하르트 데데킨트Richard Dedekind가 막 떠올랐다. 이들 견실한 독일 수학자들은 어뢰같이 생긴 하바나산 시거를 피웠다. 완고한 교수들의 시대가 시작되었다. 1850년에서 1900년 사이의 거의 모든 중요한 수학자들은 투실한 엉덩이를 대학의 의자에 눌어붙이고 앉아 학술지 접근과 대학원생과 제자들의 입학과 졸업을 통제했다. 박사 학위 논문이 교수위원회에서 비명에 가기도 했다. 1783년 오일러가 죽은 뒤 수학이 열정적인 광시곡 같은 것을 잃었다면 얻은 것은 훨씬 더 주목할 만한 것, 즉 지적 집단, 견실함, 조직, 규율, 자기 확신이었다. 물론 모든 눈은 베를린에 쏠렸다.

필자는 잠시 멈추고 묻는다: 붕괴가 다가오는가?

그리고 대답한다: 물론 그렇다.

1845년 상트페테르부르크에서 태어난 게오르크 칸토어Georg Cantor는 빈틈없는 상인인 아버지가 성공한 덕분에 11세 때까지 부유하고 화기애애한 환경에서 살았고, 1856년 가족이 독일의 비스바덴으로 이사 간 덕분에 독일어와 독일 문화를 익혔다. 그러나 괜찮은 독일의 환경이 가져다준 것보다 더 넓은 상상의 세계에서 산 칸토어는 평생 몽환적인 기질을 지녔다. 다른 많은 수학자들처럼 칸토어도 어렸을 때 수학에 매료되었다. 성적표를 보면 칸토어가 모든 과목을 잘했지만 특히 삼각함수에 뛰어난 재능을 보였음을 알 수 있다. 이것은 오랫동안 감추어졌던 열성 형질이 되살아난 것을 보여 준다. 칸토어의 아버지는 아들이 의학처럼 수학의 매력과 '장사'의 실용성 중간에 자리 잡은 전문직인 엔지니어가 되리라고 생각했다. 칸토어는 아버지의 생각에 실망했다. 그는 아버지의 허락을 얻어 수학을 공부했다. 부자간의 거래는, 긴장감이 감도는 가정 드라마와 달리, 낭만적 기질이 넘치는 두 사람의 애정으로 가득했다. 부자는 서로를 기쁘게 하는 데 관심 있었다.

이런 것은 젊은이 한 명이 그저 그런 수학자의 길로 접어든 이야기로 들릴 수도 있다. 뜻밖의 결과가 나왔다. 칸토어는 19세기 사상에 대변혁을 일으켰다. 그것은 첫 번째 진동이 가라앉은 한참 뒤에도 여진이 일어나는 지진 같은 것이었다. 칸토어는 평생 이 일에 몰두했고, 그러다가 정신 이상 증세를 보였다. 만년의 칸토어는 정신병원을 전전하지 않을 때면

셰익스피어가 진짜 저자가 아니라는 것을 증명하는 데 몰두하면서 만족해했다.

집합론은 칸토어가 창조한 것이고 그의 혁명적 위업이었다. 칸토어는 자신이 위대한 일을 하지만 사람들이 별로 알아주지 않음에 괴로워하면서 이 혁명을 수행했다. 칸토어는 전투 체질이 아니었다. 그는 영예를 원했으나 공격할 마음이 별로 없었다. 그래서 칸토어는 대개 화를 내는 것으로 공격성을 잠재웠다. 활달한 라이벌 레오폴드 크로네커는 칸토어의 업적을 위태로운 우행으로 간주하고 열성적으로 칸토어를 박해하는 일에 몰두했다. 크로네커는 베를린 대학 교수였다. 품위 있고 유능하고 땅딸막한 크로네커는 지적 원한을 파탄의 가장자리에로 가져갈 준비가 되어 있었다. 칸토어에게는 비판자만 있었던 것이 아니라 옹호자도 있었다. 옹호자 가운데 리하르트 데데킨트가 가장 유명했다. 칸토어가 데데킨트를 멀리한 뒤에는 괴스타 미타그레플러Gösta Mittag-Leffler가 있었다. 그럼에도 칸토어는 19세기의 낭만적 두 상투어구, 즉 인정받지 못하는 천재와 자신을 좀먹는 자기 연민을 자신의 성격에 결합한 채 평생 방어적 자세로 일관했다.

이 모든 것이 교수들 사이의 심술 발작이 아니고 무엇이란 말인가?

공교롭게도 상황은 그보다 훨씬 심각했다. 그때까지 19세기 상류사회에 온전히 받아들여진 것처럼 보였던 수학적 우주는 갑자기 팽창하기 시작했고, 결국 그 엄청난 크기로 이미 천문학자들을 내리누르던 물리적 우주조차도 왜소하게 만들었다.

싸울 것은 많았다. 현실적 의미에서 보면 이 싸움은 결코 끝난 적이 없었다. 칸토어와 크로네커는 죽어서 먼지로 바뀌고 오랜 뒤에도 천상의 링에서 계속 서로 치고받았다.

집합론은 매우 간단하기는 하지만 말로 표현하기 힘든 대상을 다룬다는 점에서 특이하다. 집합은 모임, 류, 앙상블, 묶음, 다발, 떼, 무리, 족이다. 이렇게 말로 풀어 설명해 봤자 집합 개념을 잘 이해하지 못하는 사람에게는 별로 도움이 안 된다. 유클리드 기하학의 점처럼 집합은 근원적이다. 먼저 이 세상에는 적어도 키위 다섯 개가 있다(첫 번째, 두 번째, …다섯 번째). 그다음에는 주의注意, 아이덴티티 확인, 분류가 모두 관련되는 정신적 조작에 의해 잔털투성이 과일 다섯 개의 '집합'이 있다. 물론 키위는 개념상 무작위로 선택한 것이다. 집합은, 칸토어가 말한 것처럼(아니, '주장한' 것처럼), "직관이나 지성으로 구별할 수 있는 유한한 대상의 '임의의' 모임이다".

집합은 유한히 많은 원소나 무한히 많은 원소를 포함할 수 있다. 그런 이유로 { } 같은 집합은 원소가 하나도 없을 수도 있다. 이 괄호는 수학적 블랙홀 주위를 진동한다. 공집합에는 기호 ϕ가 따로 쓰인다. 이 기호는 일상생활에서 '접근 금지' 또는 '진입 금지'를 나타내는 데 쓰인다. 필자는 이것이 원래 눈을 지움을 의미했는데 엉뚱한 분야로 넘어가 다른 기호로 쓰인다고 생각한다.

집합이 근원적이라면 집합과 원소 사이의 원소 관계도 근원적이다. 2는 짝수 집합의 한 원소이다. 2는 짝수 집합에 속해 있으면 편안하다. 2가 속한 것을 나타내면 2 ∈ {2, 4, 6,...}이다. 수학자들이 사용하는 그리스어 엡실론은 독자가 이 경우에 '보는 것', 다시 말해 2가 짝수에 속한다는 것을 떠올리게 하는 데 도움이 된다. 원소와 집합 사이의 원소 관계는 근원적이다. 어떤 정의도 쓸모없다. 그러나 포함 관계는 이와 달리 덜 근원적인 개념이다. 원소 관계가 원소와 집합 사이의 관계라면 포함 관계는, 2, 4, 6, 8로 이루어지는 집합이 더 넓은 짝수의 집합에 포함될 때처럼, 집합과 그 밖의 다른 집합 간의 관계이다. 포함 관계의 정의는 명확하다. {2, 4, 6}에서의 원소 관계가 {2, 4, 6, 8, 10, ...}에서의 원소 관계를 보증한다면 {2, 4, 6}은 {2, 4, 6, 8, 10, ...}에 포함된다. 실제로도 그렇다.

천문학자들 말마따나 밤하늘에서 만나 병합되는, 몹시 유동적인 은하계처럼 집합은 서로 충돌하여 이전의 집합에서 새 집합을 형성할 수도 있다. 집합 A = {1, 3, 5, 9}와 집합 B = {2, 4, 5, 9, 11}은 원소 몇 개를 공유한다. 새로운 집합 C = {5, 9}는 두 집합의 공통 부분에서 생기고 전적으로 '둘 다'에 속한 원소로 이루어진다. 이들 집합의 합은 마구 섞이어 이루어지고, 무차별적으로 통합된 'A나 B'의 원소로 구성된다. 따라서 D = {1, 2, 3, 4, 5, 9, 11}이다. 두 집합의 공통집합은, 별의 비유를 계속하자면, 스치는 운동이다. 집합의 합집합은 무차별적인 병합이다.

연구 중이던 수학자들은 집합론이 '확실히' 유용하기 때문에 처음부터 집합론에 크게 의지했다. 집합론은 몇 가지 개념, '그리고' 언어, '그리고' 테크닉, 유용성을 포함한다. 집합 자체는 분명히 수학적 대상이 아닌데도 집합이 점과 수뿐만 아니라 키위나 캥거루를 모으는 데 유용하다는 점에서 매우 아이러니컬하다. 따라서 집합론은 19세기 수학자들의 정신생활과 조직화에 대해서, 현재 늘릴 수 있는 반투명 플라스틱 자루가 과일을 담는 데 한 구실과 비슷한 역할을 한 것처럼 보였다. 자루 자체는 과일이 아니다. 하지만 손이 갈라 터지고 엄지손가락과 집게손가락이 얼얼해지지 않고는 달리 어떻게 사과, 배, 복숭아를 모으겠는가? 그리고 자루에 잘 담긴 채 밑에서 흔들거리는 파인애플은 어떻게 모으겠는가? 집합론을 이용하던 수학자들은 할레Halle* 어딘가에서 천재 청과물 상인이 과일에 대한 자루의 우위를 논하고 있다는 사실에 주의하지 않았다.

해석기하학에서 평면 위의 점은 수의 쌍과 일치한다. '쌍'은 첫 번째 수가 첫 번째이고 두 번째 수가 두 번째임을 말한다. 기본적인 개념은 사물에 순서가 주어졌다는 것이고, 순서가 주어진 사물이라는 개념을 이용하지 않고는 그 개념을 정의하기가 쉽지 않다는 것이다. 적절한 집합론이 주어졌다면 정의는 자연스럽게 나타난다. 순서가 정해진 쌍 (a, b)는 두 집합 $\{a\}$와 $\{a, b\}$를 포함하는 집합 $\{\{a\}, \{a, b\}\}$일 뿐이다. 작은 보석 같은 이 뛰어난 창의적 해석은, a와 b에 관한 한, a가 첫 번째 것, b가 두 번째 것이고 그 역은 아니라는 것을 단언하는 방법이다. 이 정의에는 순서 자체의 개념에 호소하는 것이 없다. 그것은 미소처럼 나타날 뿐이다.

오랫동안 반은 직관의 문제이고 반은 무기력의 문제였던 개념이 이제 정확한 해석적 목소리를 획득했다. 300년이 넘게 수학자들은 함수가 규칙, 사상寫像, 전달, 변수 사이의 관계라는 개념을 어느 정도 받아들였다. $f(x) = x^2$ 같은 간단한 함수조차도 작은 힘이나마 써서 수('임의의' 수)를 취하여 그것을 제곱으로 보낸다. 한 수를 다른 수로 보내는 것이 무엇인지

---

* 칸토어가 활약했던 도시 이름.

수학자들은 알 수 없었다. 때때로 함수가 어떤 근원적인 행위를 구체적으로 보여 주는 것처럼 느껴지기도 했지만, 그 이상은 알 수 없었다. 집합론에서 함수는 즉시 형이상학적 수화물의 일부를 잃는다. 행동과 행위자를 제거해 보자. 함수는 순서가 정해진 쌍의 집합'이다'. 따라서 $f(x) = x^2$은 집합 $\langle 1, 1\rangle, \langle 2, 4\rangle, \langle 3, 9\rangle, \ldots\}$와 같다. 수학자의 점($\cdots$)은 두 번째 수가 첫 번째 수의 제곱인 수의 무수한 쌍을 생략함을 말한다.

이것은 결국 집합으로 자연수를 정의하는 방법도 있음을 보여 주고, 수가 피타고라스가 생각한 만큼 근원적인 것이 아닐 수도 있음을 보여 준다. 정의는 다시 명백한 사실들에 편승해서 주어진다. 0은 공집합 ϕ와 같다(그것이 아니면 무엇이란 말인가?). 1은 공집합 $\{\phi\}$을 포함하고 따라서 단 하나의 원소를 포함하는 집합과 같다. 2는 공집합과 수 1을 포함하는 집합과 같고, 이런 식으로 정의의 사슬은 무한히 계속된다. 이런 방법으로 집합은 수를 모두 대체하게 된다. 이런 정의가 성공한 것은, 말로 나타내기는 어렵지만, 집합 자체를 넘어 존재하는 것은 없다는 가능성을 암시한다.

게오르크 칸토어는 마지못해 취리히 공과대학에서 몇 달 보냈지만, 1863년 아버지가 죽자 유산을 상속받아 베를린으로 이사했다. 칸토어는 베를린에서 수학에만 전념했다. 그러다가 잠시 고등학교에서 교편을 잡기도 했다. 칸토어가 왜 그랬는지 필자는 알 수 없다. 회색 컷어웨이**, 박쥐 날개 모양의 칼라가 있는 셔츠 차림에 짧은 검은 타이를 목에 두르고 번쩍이는 가닛garnet을 받친 채 칸토어는 학자연하는 판다처럼 당당히 교

** 모닝코트처럼 앞자락을 비스듬히 재단한 옷.

실에 들어갔음이 틀림없다. 왕관 같은 암갈색 곱슬머리가 고상하고 잘생긴 얼굴에 얹혀 있었고, 이마는 훤칠하고 아치 모양이었다. 빳빳한 셔츠 프런트로 봉긋이 솟은 가슴을 가린 아가씨 20명이 책상에 앉아 재잘거리고 있었다. 이것이 복숭앗빛 살결에 몸매가 풍만한 딸들이 시집가서 어머니가 되고 이윽고 중년 부인이 되기 전에 최소한의 고등교육을 시켜 주려는 베를린의 실업가를 자랑스러운 아버지로 둔 여학생들이 다니는 학교의 모습이었다. 아가씨들은 손을 흔들며 일어나서 '안녕하세요? 교수님'이라고 인사했다. 존경의 물결은 키득거리는 웃음소리 때문에 깨졌다.

'그 판다'가 교실을 나선다. 젊은 여자들도 뒤따라 사라진다.

칸토어는 베를린 대학에서 에른스트 쿠머, 레오폴드 크로네커, 카를 바이어슈트라스가 발하는 엄격한 튜턴Teuton의 햇살을 받으며 연구했다. 위대한 해석의 시대가 시작되었다. 그럴 만도 했다. 그리스 시대부터 수의를 질질 끌던, 반쯤 감추어진 긴 의심과 주저가 중부 유럽의 세미나실과 강의실 여기저기에서 다시 모습을 드러냈고, 썩은 틈니에서 고약한 냄새를 풍기며 베를린의 모든 강의실 칠판을 주먹으로 치기 시작했다.

틈니에서 나는 악취는 처음부터 베를린의 수학자들에게 그리스인은 2의 제곱근 같은 무리수를 이해할 수 없었다는 것을 상기시켰다. 수학자들은, 르네상스 이래로, 자신들이 무엇을 하는지 곧 서로에게 설명해야 한다는 죄의식을 가지고 무리수를 받아들였다. 이제 때가 '늦었다'. 어쨌든 2의 제곱근은 두 변이 단위 길이인 직각삼각형의 빗변을 재는 데 필요하다. 2의 제곱근은 어떤 거리에 대응하고, 실재하는 값이다. '어떤' 수로도 재어질 수 '없는' '어떤' 거리가 존재한다고 말하는 것은 그 자체로도 용납할 수 없고, 물리학적으로도 용납할 수 없다. 클럭 맥스웰이 1859년에 도입한 저 유명한 전자기장은 정의에 의해 연속적이기 때문이다. 수가 있어야 하는 곳에 구멍이 있다면 그런 장은 연속적이 될 수 없다. 물리적 사상의 전체 구조는, 아주 가까이서 검증하면, 향기로운 플러시 천에서 역겨울 정도로 냄새를 뿜는 통통한 나방들을 방출할 듯했다.

집합론의 창시자이자 정신병원에서 불우한 만년을 보냈던 게오르크 칸토어.

대가들 앞에 앉아서 칸토어는 그들의 강의뿐만 아니라 지적 낙관주의와 엄격한 조심성이 묘하게 결합된 그들의 태도도 흡수했다. 어떤 수학자도 제2의 버클리 주교가 무대에 등장해서 몇 마디 영리한 말로 자신들의 엄격함을 가장한 허세를 엎어 버리는 것을 보고 싶어 하지 않았다. 다행히도 이런 성가신 사람들은 그때 헤겔의 변증법을 이해하려고 하거나 칸트의 초월적 범주에 몰두했다. 리하르트 데데킨트가 지독하게 어려운 무리수를 명확하고 설득력 있게 설명하려 했을 때 많은 수학자들이 몰려들었다. 데데킨트는 '절단' 개념을 이용하여 자신의 정의를 나타냈다. 데데킨트는 "모든 '유리수'는 그 체계를 두 가지 부류로 나누는 결과를 초래한다…… 여기서 첫 번째 부류의 모든 수는 두 번째 부류의 모든 수보다 작다"라고 했다. 2보다 작은 수도 있고, 2보다 큰 수도 있다. 2는 수 체계를 칼날처럼 명확하게 자른다. 그러나 어떤 유리수와도 일치하지 않는 절단, 다시 말해 빵집 주인이 눈대중으로 자른 빵처럼 칼 없이 잘라진 절단도 있다. 제곱한 것이 2보다 큰 수도 있고, 제곱한 것이 2보다 작은 수도 있다. 수는 분리된다. 그러나 수 자체에서는 어떤 것도 절단을 하지 않는다. 데데킨트는 대가답게 실종된 무리수를 확실히 되찾아 놓았다. 데데킨트는 "그렇다면 어떤 유리수로도 만들어지지 않는 절단을 다룰 때마다 우리는 새로운 수, '무리수'를 '창조한다'"라고 썼다.

여러 세미나실에 오랫동안 침묵이 흐른다. 틀니에서 악취를 풍기는 자들의 수의를 흔들 때마다 여기저기서 기침 소리가 들려왔다.

우리가 새로운 수를 '창조한다'고?

'우리가?'

'사정 감찰관'의 화신은 아닐지라도 예의 '감사관'의 화신으로 나타난 크로네커는 그것이 모두 난센스라고 생각했다. 크로네커는 당분간 자신만이 기준을 충족시킬 수 있는(자신만이 그러기를 원했기 때문일지라도) 수학적 정직함의 기준을 옹호할 것을 제안했다. 1886년에 발표한 중요한 성명서에서 크로네커는 '무리수' 일반을 이해시키고 확립하려는 여러 가지 시도에 반대하는 의견을 내놓았다. 크로네커는 자연수를 신이 주신 기적으로 보았고, '신'이 자연수를 어떻게 생각하는지를 골치 아프게 물어볼 것도 없이 자연수를 있는 그대로 받아들였다. 자연수를 의심한 일말의 회의주의는 결국 '모든 것'을 의심하게 만들 위험이 있었다. 모든 회의주의자와 마찬가지로 크로네커는 자신이 만들어 낸 신랄함이 자칫 자신에게로 향하지 않게 하는 데 온 관심을 쏟았다. 크로네커가 옹호한 회의적 평가의 기준은 신중하게 꾸며 낸 것이어서 빈틈이 없었다. 수학자들은 원하는 대로 할 수 있었고, 원하는 것을 마음대로 만들어 낼 수 있었다. 수학자들이 하거나 만들어 낸 것이 무엇이건 간에 그것이 유한한 일련의 단계 안에 자연수의 성질로 되돌아가는 한에는 몸을 사릴 사람은 없었다. 크로네커는 테리어*처럼 영리했고 집요했다. 자신만이 으리으리한 베를린의 저택에서 잘 먹고 잘 살고 있다는 사실은 적들의 시기심만 불러일으켰고, 친구들의 환심을 사게 하지는 못했다.

칸토어는 입을 다물고 몸을 낮춘 채 가우스의 뛰어난 논문『정수론 연구』에 몰두하여 1867년 위대한 가우스도 해결하지 못한 문제를 풀어 박사 학위를 받았다. 이때 칸토어는 겨우 23세였다.

콰인W.V.O. Quine이 말한 존재론적인 문제는 '거기에 무엇이 존재하는가?'라는 문제에 지나지 않았다. 그에 대한 안전한 답은 '모든 것'이지만, 경우에 따라 직관적으로 다른 답이 나올 수도 있다. 키위 다섯 개만으로 이루어진 우주에는 키위 다섯 개 외에는 아무것도 존재하지 않는가? 그렇지 않고 키위 다섯 개의 집합 또는 '키위의 형식'이라는 것이 있어 두 경우(집합, 형식) 모두 존재론적 전체 개수가 6이 되는가? 플라톤주의자들은 늘 키위를 넘어 특별한 단계를 밟으려 했고, 유명론자들은, 죄의 문제에서처럼 존재 문제에서도, 잉여만큼 초과하는 것은 없다는 의미에서 늘 이의를 제기했다.

게오르크 칸토어는 수학적 플라톤주의자였다. 아니, 수학적 플로티노스주의자였다. 칸토어가 고백한 적은 없지만, 그리스의 철학자 플로티노

---

* 사냥용 개.

스Plotinos야말로 칸토어의 스승이었다. 크기를 불문하고 집합은 그 원소들이 실재하는 것처럼 실재한다는 철학적 공리를 바탕으로 칸토어가 만든 우주는 플로티노스가 꿈에서 본 굉장한 우주와 매우 비슷했다.

키위 다섯 개, 손가락 다섯 개, 발가락 다섯 개, 후텁지근한 밤에 하는 기침 다섯 번을 각각 포함하는 집합들 사이에는 엄청난 차이가 있지만, 이 5가의 집합은 '크기'가 같다는 점에서 모두 매우 비슷하다. 이런 관찰은 빛을 발함과 동시에 빛을 흡수하는 것처럼 보인다. 이들 집합이 다섯 개의 원소를 포함하고 있음은 크기가 같다는 것을 뜻한다. 빛이 들어온다. 이들 집합이 크기가 같다는 것은 원소가 다섯 개라는 뜻이다. 빛이 꺼진다. 완전한 어둠이 칸토어에게 영감을 받은 정의 하나를 깨닫게 만들었다. 칸토어는 원소가 서로 일대일로 대응할 수 있으면 집합은 크기가 같다고 주장했다. 대응 개념은 유리창처럼 이해하기 쉬운 몇 가지 수학 개념 가운데 하나이다. 유리창을 본다는 말은 유리창을 통해서 본다는 말이다. 두 집합은 원소가 일대일로 정렬했을 때 일대일 대응관계에 놓일 수 있다. 이것은 초등학교 다닐 때 학교 체육관에서 추었던 억지 춤(여학생은 남학생 손을, 남학생은 여학생 손을 잡고 마지못해 체육관 바닥을 도는)과 같다. 모두들 짝을 이루었고, 짝이 없는 학생은 없었다.

수학에서도 마찬가지다. 아니, '똑'같다.

마지막 단계가 남아 있다. 칸토어는 크기가 같은 집합들의 집합에 새로운 수, 즉 기수基數*를 할당했다. 원소가 다섯 개인 집합과 크기가 같은 모

---

* 집합의 원소 수.

든 집합의 집합은 기수가 5이다.

여기서 말만 많았지 이루어진 업적은 아무것도 없다는 인상을 강하게 받을 수도 있다. 그러나 이런 생각은 잘못된 것이다. 무한집합을 다룰 때 정말 놀라운 일이 일어난다. 유한집합에서처럼 견고하게 무한집합의 특성들에 대한 논의를 할 수 있다. 기수가 비슷한 유한집합들에게 적용될 수 있다면 비슷한 '무한'집합들에게도 적용될 수 있지 않을까 하고 칸토어는 물었다. 안 될 것도 없다. 그래서 무한 기수가 처음으로 모습을 보였다. 그것은 자연수 자체의 집합의 기수이다. 칸토어는 이것을 히브리어 알레프 $\aleph_0$로 표시했다. $\aleph_0$는 자연수와 일대일로 대응될 수 있는 모든 집합의 집합을 나타낸다.

그다음 놀랍게도 갈릴레오가 주목한 첫 번째 퍼즐이 등장한다. 자연수 1, 2, 3, … 은 직관적으로 보면 짝수 2, 4, 6, 8, …보다 더 많은 것처럼 보인다. 무관심한 상식은 자연수가 짝수보다 두 배 더 많다고 주장하기까지 할 것이다. 그러나 칸토어의 기수를 이용하여 계산해 보면 자연수와 짝수는 대등한 것으로 판명된다. 무엇보다도 이 둘은 일대일로 대응한다.

$$1, 2, 3, \cdots, n$$
$$\downarrow \downarrow \downarrow \quad\;\; \downarrow$$
$$2, 4, 6, \cdots, 2n$$

이것을 보면 무한집합에 관한 한 전체가 반드시 부분보다 크지 않음을 알 수 있다. 갈릴레오는 이것이 모순됨을 알았다. 이것은 통상적인 경우는 아니다. 이것은 직관의 충돌을 암시한다. 칸토어는 이것을 모두 당연한 것으로 여겼다. 자연수와 짝수는 '대등하다'. 이 둘은 일대일로 대응될 '수 있다'. 따라서 이 둘은 같은 기수를 공유한다. 그것은 이 둘이 크기가 같음을 뜻한다. 상식은 이제 접어 두자. 이렇게 상식은 늘 해 오던 구실을 마치고 쩔쩔매며 논쟁에서 물러난다.

1869년 라이프치히에서 80여 킬로미터 남짓 떨어진 작센 주의 지방 도시 할레에서 대학 교수 자리를 얻었을 때 칸토어는 천재가 아니라 재능 있는 사람(소란을 일으키지 않고 대학에 기여할 것으로 기대되는)으로서 교수 생활을 시작할 자세가 되어 있었던 것처럼 보였다. 1874년에서 1884년 사이에 칸토어는 뛰어난 논문을 여러 편 발표해서 자신의 집합론의 개요를 설명하고, 조금 추상적이기는 하지만 매우 온당한 개념(벌써 대충 살펴본)으로부터 수학과 세계에 관한 가장 극적인 결론을 이끌어냈다.

칸토어가 집합론 논문을 처음 발표한 것은 결혼 후 살만 한 집을 마련한 때와 대충 일치한다. 겉으로만 보면(멀리서만 볼 수 있는 생활을 말한다) 칸토어는 독일의 중산층 대학인과 별로 다를 것 없는 생활을 했다. 칸토어는 수업을 하고, 강연과 회의에 참석하고, 학과의 채용 결정에 참가했다. 칸토어는 채용 결정에 참가할 때마다 무자비하고 놀랄 만큼 성공적인 '다른 편'에게 졌다. 칸토어는 미술에도 손댔는데 재주가 상당했다. 삶을 조심스레 살피는 지저분한 개를 묘사한 연필화는 꽤 걸작이었다. 칸토어는 실내악 연주가 있는 저녁이면 음악을 듣고 바이올린을 켰다. 호소하는 듯한 많은 곡들은 흔히 들을 수 있는 슬라브인의 넋으로 칸토어의 생활과 그의 열정 사이의 대조를 암시했다. 편지, 논문, 저널에 기고한 글에 반영된 칸토어의 내적 생활을 보면 칸토어는 철학, 수학, 신학을 포함한 지적 산을 기어오르면서 분개하기도 하고 사색에 잠기기도 했음을 알 수 있다. 칸토어는 이 수학자에서 저 수학자에게로 퍼져 나가는 열정적인 요들과 계곡 밑에서 올라오는 우레 같은 칭찬 소리를 듣기를 기대했지만, 늘 '노 No'라고 말하는 크로네커가 베를린에 있고 동정적인 수학자들조차 자신의 주장에 진심으로 동의하지 않는 것을 보고 실망했다. 이 모든 것을 겪으면서도 칸토어는 한순간도 자신의 빛나는 통찰력에 확신을 잃은 적이 없었다.

수학자들은 오랫동안 아리스토텔레스를 추종하여 무한 개념과 껄끄러운 타협을 했다. 물론 수학은 자연수처럼 영원히 진행되는 것을 많이 다룬다. 극한은 무한히 많은 단계를 거쳐 얻어지는 수렴을 필요로 한다. 소수는 끝없이 내려가며 이어지고, 점은 선 위의 점 사이나 공간에서 나타난다. 이런 여러 과정, 사물, 사물들이 만들어 내는 연속 드라마는 단지 '잠재적으로' 무한한 것의 예라고 수학자들은 서로 주장했다. 자연수는 물론 영원히 나아간다. 이것은 틀림없는 사실이다. 그러나 어느 특정한 점에서는 유한한 개수의 수만이 존재한다. 그 나머지가 무한하다고 말하는 것은 수들로 이루어진 사슬이 비록 영원히 유한하긴 하지만 더 커지고 더 길어진다는 것을 말하는 것에 지나지 않는다. 그 성질상 무한히 큰 완성된 무한이라는 개념이야말로 분명히 받아들일 수 없는 것처럼 보인다. 가우스는 신탁 같은 선언을 자주 했는데 실제로 가우스는 자신이 무한을 두려워

함을 보여 주는 선언을 했다. 가우스는 "나는 무한을 하나의 완결된 양으로 사용하는 것에 반대한다. 그러한 것은 수학에서는 결코 허용되지 않는다. 무한은 표현하는 방식에 지나지 않는다. 그것은 진짜로는 어떤 비比들이 무한정 가까워지고, 다른 비들은 제한 없이 증가할 수 있는 극한을 의미한다"라고 주장했다. 흔히 아리스토텔레스가 주장했다는 이런 견해는 순전히 말의 구조('무한정 가까워진다'나 '제한 없이 증가한다' 같은)가 무한이라는 금지된 개념을 정확히 전제로 하는 견해이다. 비 $1/n$의 수열은 결국 n이 '제한 없이 커짐에' 따라 0에 '무한정 가까워진다'. 그러나 어떤 주어진 n값에 대해서도 $1/n$과 0 사이에는 분수가 여전히 '무한히' 많이 있고, n보다 큰 수도 '무한히' 많이 있다. 말 바꾸기는 예나 지금이나 같은 구실을 한다. 그러나 이 사례에서는 정말 말 바꾸기밖에 안 된다.

무한이라는 금지된 개념이야말로 칸토어가 재건하려고 노력한 것이었다. 이 노력은 크게 성공을 거둘 것처럼 보였다. 몇 가지 정리와 그 증명으로 칸토어는 사물들이 갑자기 끝없이 증식되고 끝없이 확대되는, 무한을 넘어선 무한의 세계를 존재하게 만들 수 있었다.

집합론 탄생은 매우 간단한 문제였다. 1, 2, 3으로 구성된 간단한 집합 P를 생각해 보라. P에는 부분집합이 몇 개 있는가? 이 문제는 정치학에서 정치학자들이 위원 세 명으로 위원회를 몇 개 구성할 수 있나?를 궁리하는 것이 상도를 벗어나지 않은 것처럼 수학에서도 상도를 벗어난 것이 아니다. 계산해 보면 Ø, {1}, {2}, {3}, {1, 2}, {1, 3}, {2, 3}, {1, 2, 3}이라는 답이 나온다. 공집합은 의자에 대응하고, 나머지는 위원을 여러 가지로 결합한 것에 해당한다고 생각할 수 있다. 2^N이라는 공식도 답이다. 여기서 N은 원래 집합의 지수 또는 크기를 말한다.

2^N이 '늘' N보다 크다는 것이 포인트다. 칸토어가 집합의 멱집합이라 부른 것은 집합 자체보다 크다.

이제 무한 너머 무한에로의 접근이 달성되었다. 앞에서는 조심스런 실마리가 없어서 독자가 코를 킁킁거렸지만, 이미 확립된 추론에 따라, $\aleph_0$은 부분집합들의 집합의 기수 $2^{\aleph_0}$보다 작기(당연히 작아야 함) 때문이다. 따라서 $\aleph_0$ 너머에 기수가 존재한다. 이런 기수가 하나 존재하면, 같은 추론에 의해, 다른 기수도 존재한다. 이제 초월적 계층구조로 접근할 수 있게 되었다. 기수는 끝없이 늘어선 화물차처럼 자연수 너머 공간 어딘가에 정렬한다.

$$\aleph_0, \ 2^{\aleph_0}, \ 2^{2^{\aleph_0}}, \ ...,$$

정말로 이상한 이런 수는 모두 무한한 크기를 나타낸다. 이 수열은 대응하는 일련의 영어 형용사 '큰, 더 큰, 훨씬 더 큰, 더 큰 것보다 더 큰, 엄청나게 큰, …'으로 쉽게 매치된다.

완결된 무한들이라고? '물론' 그것들은 완결되어 있다. 무한의 이름은 인쇄된 면 위에 쓰여 있고, 무한의 존재는 집합이 포함하는 원소가 실재하듯 집합도 실재한다는 단 하나의 가정에 의해서 생겨난다.

잠재적 무한 안에서 무한에 접근하고 순전히 유한한 크기에서 편안함을 누릴 방법이 발견될 것이라는 희망은 내내 환상이었는데도 이제 가시화될 수 있다. 무한한 크기는 존재하거나 존재하지 않거나 둘 중의 하나이다. 수학자 처지에서는 존재하는 것이 더 낫다.

기수는 수 자체의 속성 하나, 즉 크기를 가지고 있다. 그러나 수는 크기를 나타낼 뿐만 아니라 순서도 가리킨다. 그래서 피타고라스학파 사람들이 숭배한 10은 어떤 내적 구조가 있다. 10은 9 다음에 있고, 9는 8 다음에 있다. 이런 식으로 계속 내려간다. 수의 이런 성질을 포착하려면 10은 바로 앞의 수 9와 9 앞의 모든 수로 이루어져야 한다고 칸토어는 주장했다. 따라서 $10 = 9 \cup \{0, 1, 2, 3, 4, 5, 6, 7, 8, 9\}$.

이것을 일반적으로 나타내면 $x^+ = x \cup \{x\}$이다. 여기서 x^+는 집합 x '바로 뒤의 원소'이다. 자연수는 마음의 눈으로 보면 전체적으로 완결된 집합을 이룬다고 칸토어는 생각했다. 그것은 0을 포함하고 x를 포함할 때마다 x^+를 포함하는 가장 작은 집합이다. 그것은 기호 ω로 나타내진다. 여기에서 성경에 나오는 이야기 같은 수학적 잉태라는 드라마가 시작된다. "ω로 시작해서 ω가 그 바로 뒤의 원소 ω^+를 형성하고, ω^+가 그다음 것을 형성하고, 이런 식으로 무한히 계속되면 어떻게 되겠는가?"라고 수학자 폴 할모스Paul Halmos는 과장된 어조로 물었다. 교활한 이 질문에는 두 가지 의미가 포함되어 있다. 하나는 집합 만드는 규칙을 이미 만들어진 집합에 적용하면 어떻게 되는가이고, 다른 하나는 집합 만드는 규칙이 무한히 적용되면 어떻게 되는가이다. 첫 번째 질문은 합법성 문제이다. 이런 규칙이 순환될 수 있는가 하는 두 번째 질문은 존재론 문제이다. 물론 칸토어는 순환됨을 열렬히 믿었다. 앞의 집합을 뒤돌아보는 것과 관련된 것일 따름인 집합 계승의 단순한 규칙은 자연수들 자체가 작게 보일 정도로 집합의 확대 가능성을 크게 열어 놓았다. 자연수가 '무한'함을 잊어서는 안 된다.

할모스는 창세기에 어울리는 운율로 순서수의 전개를 멋지게 서술했다. 할모스는 "0, 1, 2, ..., 다음에는 ω가 오고, ω, $\omega+1$, $\omega+2$,... 다음에는 $\omega 2$가 온다. $\omega 2+1$(이것은 $\omega 2$ 바로 뒤의 원소이다) 다음에는 $\omega 2+2$가 오고, 그다음에는 $\omega 2+3$이 온다. 이 수열의 모든 항 다음에는 $\omega 3$이 온다. 그다음에는 $\omega 3+1$, $\omega 3+2$, ...,가 오고, 그다음에는 $\omega 4$가 온다. 이런 식으로 ω, $\omega 2$, $\omega 3$, $\omega 4$, ...를 계속해서 얻을 수 있다"라고 했다. 그러나 1, 2, 3,... 다음에 ω가 나오는 방식으로 이 수열 다음에는 무언가가 나온다. "그 어떤 것은 ω^2이다. 그다음에는 또다시 시작된다. ω^2+1, ω^2+2, $\cdots$, $\omega^2+\omega$, $\omega^2+\omega+1$, $\omega^2+\omega+2$, $\cdots$, $\omega^2+\omega 2$, $\omega^2+\omega 2+1$, $\cdots$ $\omega^2+\omega 3$, $\cdots$, $\omega^2+\omega 4$, $\cdots$, $\omega^2 2$, $\cdots$, $\omega^2 3$, $\cdots$, ω^3, $\cdots$, ω^4, $\cdots$, ω^ω, $\cdots$."

이 탑은 계속 올라간다. 오메가에 대한 것이 다 끝나면 ε_0가 있고, 그다음에는 ε_0+1이 있고, 그다음에는 ε_0+2가 있다. 이런 식으로 $\varepsilon_0+\omega$, $\varepsilon_0+\omega 2$가 있고, 또 ε_0의 제곱이 있고, 계속 다른 집합으로 나아가기 때문에 연속하는 집합의 탑은 그 자체를 무한히 증식하여 헤아릴 수 없을 만큼 증식한다. 칸토어는 이것을 '잴 수 없는 크기'라고 했다.

이것은 겨우 몇 개의 기호에서 나온 것이다.

칸토어는 이전에도 중요한 논문을 많이 발표했지만, 1878년에 '혁명적인' 논문 가운데 첫 번째 것을 발표했다. 칸토어는 편집자 레오폴드 크로네커의 반대를 물리치고 『크렐레 저널Crelle's Journal』에 이 논문을 발표했다. 이어서 칸토어는 집합 세계에 관한 자신의 견해를 완전히 나타낸 논문 여섯 개를 『수학 연보Mathematische Annalen』에 발표했다. 그 무렵 칸토어는 할레에서 유명 대학교수로 명성을 떨쳤다. 그러나 베를린으로 초빙받지 못한 모든 수학자들과 마찬가지로 칸토어는 베를린으로 가지 못한 것을 큰 치욕으로 여기고 어떻게 해서든 베를린에서 교수 자리를 얻어 보려 했다. 칸토어의 앞길을 방해한 사람은 분명히 크로네커였다. 칸토어는 병이 났고, 과로와 신경과민으로 우울증에 걸렸다. 칸토어는 광천과 정신병원에서 도피처를 찾아야 했다. 그는 빳빳한 제복을 입은 간호사들을 보고 젊었을 때 자신에게 인사하던 학생들을 무의식적으로 떠올렸을 것이다.

집합론은 아주 큰 그림이다. 집합론은 위대한 미술 작품처럼 모든 것을 집합론 이전과 이후로 나눈다. 현대의 수학 교과서를 한번 펼쳐 보라. 정리, 증명, 정의가 모두 게오르크 칸토어가 창조한 개념으로 설명되었음을 알 수 있을 것이다. 집합론의 도구와 방식은 현대 수학계에서 거의 전부 받아들여져 수학 자체의 도구 및 방식과 거의 동일시되었다. 칸토어가 고안한 언어는 100년 넘게 전 세계 수학의 표준 언어가 되었다. 집합론은 일반 수학뿐만 아니라 일반 영어에도 파고들었다. '매우 큰 진부분집합'이란 말은 1880년 이전에 '대부분 그러나 전부는 아닌'이라는 말로 나타내어진 것을 무리 없이 의미하는 듯하다. 그러나 집합론의 '승리'에 대해 말하는 것은 그 창조물에 신화의 속성을 부여하는 것이 될 것이다. 칸토어의 집합론은 모순된다. 수학자들은 집합론의 생산력과 모순성이 깊이 연관되어 있다는 것을 바로 알아차렸다. 역설 가운데 가장 유명하고 설명하기 쉬운 것이 러셀Russell의 역설이다. 집합론이 자유로운 구성이라는 원리만 따른다면 자기 자신을 원소로서 포함하지 않는 모든 집합들의 집합은 어떻게 되는가 하고 러셀은 물었다. 자기 자신을 원소로서 포함하지 않는 집합은 많이 있다. 개들의 집합(이것은 개가 아니다), 수학자들의 집합(이것은 수학자가 아니다), 금발머리의 집합(이것은 금발머리가 아니다), 그리고 이런 '모든' 집합들의 집합이 있다. 이 집합이 자기 자신의 원소가 아니라면, 그 집합의 정의에 따라 그 집합은 자기 자신의 원소가 된다. 그리고 자기 자신의 원소라 하면, 자기 자신을 원소로 포함하기 때문에 그 집합의 원소가 될 수 없다. 정말 결론을 내리기 어렵다. 환상적인 수학도, 복잡한 정의도 관여하지 않고, 상식에서 벗어나는 것도 아무것도 없기 때문에 그만큼 더 어렵다. 러셀의 역설은 집합과 집합 내의 원소 관계의 매우 기본적인 개념을 이용했을 따름이다. 이탈리아의 수학자 부랄리 포르티Burali-Forti는 순서수의 모든 집합의 집합에 대하여, 그리고 이 집합도 순서수의 집합인지 아닌지에 대하여 정곡을 찌르는 질문을 던졌다. 칸토어는 역설을 발견하고도 자신의 이론이 계속 유지되도록 통상적인 지적 방어 방법을 제대로 내놓지 않았다. 그래서 19세기의 가장 주목할 만한 수학 이론은 그 근원부터 썩은 채 20세기로 넘어갔다.

칸토어는 만년에 신학과 형이상학에 관심을 두었다. 가톨릭 신학자들은 칸토어의 이론이 우주가 영속할 것이라는 금지된 교의를 암시함을 보았다. 이것은 하느님이 창조한 세계와 하느님 존재의 유용성과 모순되는 견해였다. 칸토어는 자신의 이론을 그렇게 해석하는 것이 잘못임을 보여주려 애썼다. 칸토어는 수학은 과학에 유용할 뿐만 아니라(이것은 아무도 의심한 적이 없다) 수리물리학자들조차 자신의 힘으로 발견할 수 없는 통찰력의 원천이기도 하다고 확신했다. 이 견해는 수학밖에 모르는 수학자들 사이에 널리 받아들여졌다. 칸토어는 "집합론의 가장 중요한 문제는 모든 '자연'에 존재하는 집합의 여러 가지 힘을 발견하려는 도전이다"라고 썼다. 그 도전은 받아들여졌고, 그 결과 칸토어는 자연에 있는 기본 입자의 수가 무한해야만 하고 각각의 입자는 크기가 없는 점에 대응해야 한다고 확신했다. 솔직히 말해 칸토어의 이러한 주장은 수리물리학자들 사이에 호의를 얻지 못했다.

다른 사람들도 편견이 있었는데 이런 편견은, 온전한 정신으로 생각해 보면, 너무 멍청해서 크게 모험을 할 수 없던 수학자들이 처음에 칸토어의 순전히 수학적인 개념을 저주한 것만큼이나 불공평했다.

그런데도 칸토어는 세기가 전환될 무렵 적어도 마음속으로 원하던 것 하나는 달성했다. 마침내 사람들이 칸토어를 숭배하기 시작했다. 이제 칸토어가 수학의 얼굴을 바꾸어 놓았음을 의심하는 사람은 없었다. 같은 시대의 최고 수학자 다비트 힐베르트David Hilbert는 후에 집합론을 지적 '낙원'으로 간주하곤 했다. 과일나무가 만개한 골짜기와 가차 없는 추방을 암시하는 낙원이라는 단어는 묘하게도 적절한 말이었다.

칸토어는 만년에 프랜시스 베이컨Francis Bacon이 셰익스피어의 극을 썼다는 생각에 사로잡혔고, 이 사실을 감추려는 음모에 대하여 밑도 끝도 없이 이야기해 댔다. 1차 대전의 불길로 독일 제국의 영토가 점점 줄어들던 1916년 칸토어는 다시 정신병에 걸렸고, 정신병원에 수감되어 평생 처음으로 자유가 없는 생활을 했다. 칸토어는 점점 야위어 갔다.

칸토어는 여러 해 살았던 할레의 헨델 가에 있는 집으로 돌아가기를 염

원했다. 그러나 이유는 잘 모르지만, 이 염원은 이루어지지 않았다. 지칠 대로 지치고 허약해진 칸토어는 레오폴드 크로네커가 베를린에서 죽은 지 29년 뒤인 1918년 1월 6일에 사망했다.

9.

불완전성

위기는 아니다. 그렇게 말하면 너무 심하다. 누군지 몰라도 어떤 뛰어난 수학자가 손수건으로 연신 콧물을 훔치고 주먹을 입에 대고 기침을 해 대는 지독한 감기라고 하는 편이 좋겠다. 1889년에서 1932년은 한편으로는 크로네커의 죽음으로 다른 한편으로는 쿠르트 괴델Kurt Gödel의 논문(독일의 수학 잡지 『수학-물리학 월보Monatshefte für Mathematik und Physik』에 '『수학 원리』와 이에 관련된 체계들의 형식적으로 결정 불가능한 명제들에 관하여On Formally Undecidable Proposition of *Principia Mathematica* and Related Systems'라는 제목으로 발표한 논문) 발표로 구획 지어진 부자연스런 시대였다. 전쟁, 혁명, 내란의 와중에도 독일, 프랑스, 영국, 러시아의 수학자들은 여느 때처럼 개념을 찾고, 정리를 증명하고, 증명을 간소화했고, 다툼이 잠잠해진 때에는 국제 수학 모임에서 다정하게 이야기를 나누었다.

그렇지만 기침은 여전했다. 기관지염으로 크로네커가 죽은 뒤에도 몇년 동안 짧은 헛기침을 해 대서 기침은 한 사람이 퍼뜨린 전염병이 되었다. 그럴 만도 했다. 여러 가지 충격으로 수학계의 공동 신경 체계는 쇠약해졌다. 수학자들이 비유클리드 기하학의 쌍곡 표면이나 이중 타원 표면에 익숙해지자마자 더욱 이상한 것, 말하자면 달리의 그림처럼 손잡이가 축 늘어진 클라인 병Klein bottle이나 유한한 거리가 무한해지는 푸앵카레의 비유클리드적 페트리 접시가 불쑥 튀어나왔다. 바이어슈트라스나 데데킨트 같은 19세기의 위대한 해석학자들은 정말 넌더리 나는 정의를 이용하여 미적분의 기초를 명확히 했다. 그러나 그들의 정의는 거미줄에 비친 햇빛처럼 거미줄 '뒤의' 거미줄, 다시 말해 어디에서나 연속적이지만 미분이 안 되는 이상한 함수, 비정상적인 기형, 직관에 어긋나는 반증을 드러냈다. 오늘날 대학원생이라면 누구나 읽는 '해석학에서의 반례들Counter-Examples in Analysis'이라는 매우 유명한 텍스트는 정리가 아닌 정리를 뒷받침하는 잘못된 증명으로 이루어져 있다. 이 텍스트에 사용된 자료는 대개 19세기 말 자료였다. 이탈리아에서는 수학자들이 또 다른 끔찍한 것, 다시 말해 아무리 높은 돌연변이 차원에서도 공간 전체를 채울 수 있는 곡선을 만드느라 바빴다. 도서관과 위원회 회의실에서는 수학자들이 집합론 자체에서 역설을 캐내고 있었다. 러셀의 역설이 가장 중요한 것이었고, 다른 역설들도 웃을 때 이가 빠진 자리가 드러나는 것처럼, 피할 수 없는 사고의 간극을 보여 주는 자기참조의 기이한 형태를 다양하게 드러냈다.

크로네커의 영혼은 20세기 초까지는 잔소리꾼으로 자처할 수 있었고, 또 그에 못지않게 예언자로 자처할 수 있었는데 이것은 어느 정도 정당했다. 그 땅딸막하고 날렵한 크로네커가 정말로 수학의 낮은 비밀 장소를 모두 들여다보았을까?

1900년 다비트 힐베르트는 파리에서 열린 국제 수학자 회의International Congress of Mathematicians에서 '기본문제'라는 제목으로 강연을 했다. 힐베르트는, 한창때의 젊은이였지만, 수학의 왕으로서 청중에게 연설했다. 프러시아에서 태어나 독일에서 자란 힐베르트는 벌써 수학의 여러 분야에 놀랄 만한 업적을 남기고 있었다. 그가 발표한 논문은 매우 뛰어난 것이었다. 힐베르트가 논문으로 수학의 어떤 분야를 해결했을 때 그 주제가 워낙 완벽하여 박물관에 전시해도 될 정도라는 말이 나돌았다. 종종 히스테리컬하기도 하고 거의 언제나 우쭐대기만 하는 사람들이 판치는 세계에서 힐베르트는 자기 통제, 다른 수학자들에 대한 사려 깊은 존중, 과학적 탁월함을 널리 추구하는 본능으로 유명했다. 참석자들 말에 따르면 회의실은 바람이 잘 안 통했고, 날씨는 따뜻했다. 힐베르트는 새된 목소리로 한 시간 넘게 강연했다. 강연의 일부는, 19세기가 물러나고 20세기가 등장하면서, 유클리드 이래 처음으로 수학의 지적 권위와 수학의 토대가 상당한 의심을 받고 있다는 일반적인 인식에 대한 논의에 할애되었다.

끝없이 쌓여 가는 역설들은 나쁜 쪽으로 꼬드기고 몹시 위협적인 가십 같았다. 그것들은 수학적 생명의 중심에로 극히 가까이 옥죄어 들어가는 수학적 병을 대표했기 때문이다.

이런 걱정스러운 분위기에서 힐베르트는 자신이 앞으로 발표하려고 1900년에 준비했던 두 번째 문제들을 내놓았다. 다시 말하면 힐베르트는 수학자들에게 산술의 공리가 모순되지 않음을 증명하라고 요구했다. 20년 전에 게오르크 칸토어는 무모순성은 수학의 모든 분야에 대한 검정 기준이고 인간 마음의 자유로운 창조물인 수학은 동종요법 의술처럼 아무런 해를 끼치지 않기 때문에 정당함을 인정받을 수 있다고 강변했다. 힐베르트는 이제 이 감상적인 개념 자체가 수학적으로 증명되어야 한다고 했다. 1900년에 힐베르트는 그런 증명을 내놓을 준비가 되어 있지 않았다. 대신 힐베르트는 힌트 하나를 내놓았다. 수학의 새로운 개념의 발전을 언급하면서 힐베르트는 정말 갑작스럽게 "새로운 개념에는 반드시 새로운 기호가 대응된다"라고 했다. 힐베르트가 말한 '기호'는 일반 산술에서 쓰이는 '숫자'나 기하학에서 쓰이는 '도형' 같은 것을 의미했다. 힐베르트는 "어떤 수학자도 그래프 공식 없이는 지낼 수 없을 것이다"라고 완곡하게 말했다.

    꽤나 확신에 차서 청중들을 바라보며 힐베르트는, 1914년 여름 영국의 잔디밭 여기저기에서 제공된 딸기처럼, 지금은 과거의 일부로 느껴지는 말을 덧붙였다. "자, 우리에게 영원한 요청이 들려옵니다. 여기 문제가 있습니다. 그 답을 찾아보시오. 여러분들은 순수한 이성의 힘으로 답을 찾을 수 있습니다……."

    1910년 버트런드 러셀과 앨프리드 노스 화이트헤드Alfred North Whitehead는 『수학 원리Principia Mathematica』 1권을 출간했다. 두 사람의 야심은 수학의 원리가 순수 논리학 원리에서 도출될 수 있음을 증명하려는 것이었다. 몇 년 뒤 러셀은 완벽한 확실성을 지닌 수학적 구조 속에 자신의 혼란스러운 생각을 잠재우고 싶다는 절망적인 소망을 감동적인 어조로 말했다. 『수학 원리』는 이런 필요에서 나왔다. 러셀은 논리학의 원리가 확실하지 않으면 그 어떤 것도 확실해질 수 없다고 굳게 믿었다. 러셀은 그럴 경우 인간 정신은 완전히 표류할 것이고, 자신은 이런 상태를 혐오한다고 했다. 수학계 전체가 『수학 원리』에 관심을 보였다. 러셀과 화이트헤드가 1 + 1 = 2임을 증명하기 위해 300쪽 넘게 필요로 했다면 이것을 읽은 수학자들은 "아하, 그래서 1 더하기 1이 2였구나"라고 감탄할 수 있어야 했다. 정말 기이하게도 자신들이 이 문제를 한번이라도 의심해 본 적이 있는지 물어볼 생각을 하는 사람은 별로 없었다.

힐베르트는 『수학 원리』에 크게 감명을 받았다. 힐베르트는 건축가적 감각이 뛰어난 수학자였다. 힐베르트는 수학적 개념이 떠오르면 그 밑에 깔린 원리를 조사하고 그 개념을 토대로 간단하고 완전한 공리 체계를 세우는 것이 수학자가 할 일이라고 생각했다. 러셀과 화이트헤드는 『수학 원리』에서 수학의 공리 구조를 제공했다. 두 사람은 유례없을 만큼 정확하고 상세한 저서를 완성했다. 두 사람이 1910년 무렵에 모든 세미나실에서 스며 나와 일반 수학적 분위기의 일부가 되었던 해로운 지적 불확실성을 종식시키기는 데 필요한 모든 것을 행했다고 말하면 어떨까? 힐베르트는 잠시 두 사람의 견해에 동의했지만, 곧 내내 자명한데도 깨닫지 못하던 것이 무엇인지 알았다. 러셀과 화이트헤드는 직접 공격받지 않던 것을 훌륭하게 방어했다. 곧, 위압적이고 때로는 정떨어지는 정의, 증명, 정리 들에도 불구하고 『수학 원리』는 수학자들이 별로 의심하려 하지 않는 것을 추인하는 데는 기여했지만, 많은 수학자들이 문제 삼으려는 것, 즉 전반적인 수학 체계의 무모순성을 보장하는 데는 아무런 기여도 못했다. 대단한 사고思考의 터널 밑 어딘가에 2 + 2 = 5라는 것을 증명하는 다른 정리(첫 번째 정리만큼이나 결점이 없는)가 있을지도 모른다는 의심에 대한 확실한 결론이 주어지지 않는다면 2 + 2 = 4라는 정리를 확립하는 것이 수학계에 무슨 도움이 되겠는가?

힐베르트가 깨달은 것처럼 러셀과 화이트헤드는 그들 체계의 무모순성을 증명하지 못했다. 두 사람은 1910년 이전에는 그 문제의 중요성을 깨닫지 못했고, 그 후에는 이 문제에 답할 위치에 있지 않았기 때문이다.

1919년 힐베르트는 다시 수학의 근본 문제로 생각을 돌렸다. 힐베르트는 눈코 뜰 새 없이 바쁘고 세계적으로 유명한 수학자였다. 그러나 힐베르트는 세상사에 연연하지 않고 수학의 도덕적 웅대함을 확실성의 기초로 확립하려는 욕망에 완전히 사로잡혔다. 힐베르트는 동료 논리학자 파울 베르나이스Paul Bernays와 함께 11년 동안, 한때 힐베르트 프로그램이라 불렸던 것에 몰두했다.

처음부터 힐베르트의 사상은, 경험이 가리키는 바대로, 관찰하기 어렵고 강요하기 힘든 어떤 구별을 토대로 한 것이었다. 그것은 기호와 기호가 의미하는 것을 구별하는 것이었다. 영어로 '개(dog)'라는 단어는 문자 세 개로 이루어져 있다. 그러나 푸치*는 그렇지 않다. 이것은 명확한 것으로 여겨질 것이다. 그러나 그 구별을 하지 않아도 된다면 결과적으로 철학과 수학은 혼란에 빠질 것이다.

수학에서 기호란 종이 위의 표시이다. 힐베르트는 이런 기호를 관심의 대상으로 삼았다. 수학의 '개념'은 얼마든지 부적절할 수도 있고 불확실

---

* pooch, 개의 일종.

할 수도 있지만 개념을 표현하는 기호는 '논리 외적이고 별개인' 대상의 영역에 속하는 것이자 모든 생각에 앞서는 즉각적인 경험으로서 직관적으로 존재하는 것임을 힐베르트는 인정했다. 이런 점에서 기호는 다른 별개의 물리적 대상과 같다. 인간의 마음이 밤에 느닷없이 들리는 소리나 테이블 위에 놓인 수석, 또는 단단한 독일산 치즈의 알알한 맛을 파악하는 원리나 수를 인식하는 원리는 같다. "논리적 추론이 확실한 것이 되려면 이런 대상들은 그 모든 부분이 완전히 관찰될 수 있어야 하고, 대상들의 표현, 차이, 연속…… 이 다른 것에로 환원될 수 없는 무엇으로서 우리들에게 직관적이고도 즉각적으로 존재해야 한다"라고 힐베르트는 주장했다.

『수학 원리』의 경우나, 또는 그 어떤 다른 공리 체계의 경우에서도 힐베르트는 체계의 기호들과 그것들이 나타내고자 한 의미를 분리하는 초월을 시도할 것을 요구했다. 분리가 완결되면 기호만 남는데, 『수학 원리』의 경우에는 몇 가지 근원적인 형태의 기호만 남는다. 공리 체계의 근원적인 기호들 자체가 사고의 대상이 될 수 있다면, 기호 '1', '2', ' + ', ' = '이 결합해서 '1 + 1 = 2'라는 공식을 만들 때처럼, 훨씬 더 복잡한 기호의 결합도 사고의 대상이 될 수 있다. 그런데 힐베르트는 『수학 원리』의 공리를 나타내는 기호들이 1 + 1 = 2라는 결론을 나타내는 기호들을 단계적으로 유도하는 것에서 보는 것처럼, '증명'이란 것이 그러한 기호들의 연속이 아니라면 무엇이겠는가? 하고 물었다.

기호를 기호 자체로 받아들이는 기호 연구는 새로운 수학 분야가 되었다. 이 새로운 수학의 주제가 일반 수학에서 쓰이는 기호의 도구였기 때문에 힐베르트는 새로운 수학을 '초'수학metamathematics이라 했다. 칸토어는 여러 집합과 집합의 집합들에서 수학적 대상의 새로운 세계를 발견했고, 수학자들이 '자각하고 있던' 한계를 넓혔다. 이제 힐베르트는 낡은 세계 속에 수천 년 동안 숨겨졌던 세계, 즉 항상 수학자들의 버팀목이었던 기호와 기호의 연속을 발견했다. 그것들은 수학적 대상의 세계로 옮겨 갔고 이제 그 자체로서 수학적 대상이 되었다.

　초수학은 어려운 정신적 조작과 관련 있는데, 이 조작은 오웰의 『1984』에 나오는 이중사고와 비슷하다. 그것은 수학자에게 자신이 관찰하는 기호에서 의미를 제거할 것을 요구함과 동시에 그 기호가 통상의 경우에 갖는 의미를 기억할 것을 요구한다. 실제로 힐베르트는 1920년대에 자주, 체스가 나무 병정으로 벌이는 게임인 것처럼, 수학이 공식으로 벌이는 게임이라고 쓰곤 했다. 헤르만 바일Hermann Weyl 같은 수학자가 수학은 게임에 '불과할 뿐이다'고 힐베르트가 생각했다고 여기는 것도 당연한 일이었다. 그러나 어쩌다가 부주의하게 그렇게 썼다 하더라도 힐베르트는 수학이 다만 여러 가지 놀이판에서 기호를 이리저리 섞으려 안간힘을 쓰는 것에 지나지 않는다고 여겼다기에는 너무 위대한 수학자였다. 기호는 과연 두 가지 역할을 소화해 냈다. 기호는 수학의 매우 중요한 진리를 나타냈다. 이런 면에서 기호는 항상 그랬듯이 자신을 넘어서 실제 세계와 접촉하는 기능을 했다. 또한 기호는 구체적이고 개별적이고 물리적인 체계를 구현했다. 바로 '이런' 면에서는 기호는 놀이의 대상에 지나지 않았고, 수학자들의 특별한 재능은 인간 정신을 사물에 각인시키는 인간의 일반 능력의 일부였다.

힐베르트는 기호들이 물리적 형상으로 구체화될 때만이 수학자들이 공리 체계를 이끌어 낼 수 있다고 믿었고, 그러한 공리 체계에서는 기호들이 확고하고 지속적인 지적 통제를 받으며 그 체계의 일부를 구성하게 된다고 믿었다. 공리 체계에 대해 제기되었던 이전의 질문들은 이제 형식적 뼈대에 관한 질문으로 바뀔 수 있게 되었고, 그 뼈대가 다른 물리적 대상들의 세계 안에 존재하는 물리적 대상들로 구성되어 있기 때문에 그 질문들은 그것들이 나타내는 '불충분하고 불확실한' 개념보다 민감한 관심의 대상이 될지도 모른다.

그리하여 수학자는 체계의 기본적인 기호들의 재고 목록을 완벽하게 만든다든가 기호들이 결합되는 방식을 정확히 설명한다든가 하는 것과 같은 자질구레한 일을 맡아 해야 했다. 그리고 수학자는 어떤 공식이 다른 공식에서 도출되는 방식을 규정하고 그때까지 수학자들이 뒷전에서 떠드는 소리로만 받아들였던 추론 규칙의 재고 목록을 규정하는 작업도 해야 했다. 이런 규칙이 규정되면 증명도 규정될 것이다. 초수학적 관점에서 보면 증명이란, 앞 코끼리 꼬리를 코에 물고 이동하는 코끼리 행렬처럼, 각 증명이 그 이전의 증명에서 도출되는 기호의 연속에 지나지 않기 때문이다. 힐베르트는 "이런 식으로 수학은 증명 가능한 공식들의 재고 목록이 된다"라고 주장했다.

힐베르트는 그때까지 뭐라 꼬집어 말할 수 없던 커다란 고민거리였던 질문들을 표현하는 방법을 발견했다. 『수학 원리』의 공리들은, 그것에 기초해서 얻어진 유한한 수의 논리적 단계들이 모순을 일으키지 않는다는 그런 의미에서 모순이 없는 것일까? 증명이 필요하다, 그것도 수학적 차원에서. 힐베르트는 첫 번째 질문만큼 중요한 질문을 하나 더 덧붙였다. 『수학 원리』의 공리들은 그 기호들로 표현될 수 있는 임의의 공식에 대해서도 그 공식에 대한 증명이나 그 공식의 부정에 대한 증명이 존재한다는 그런 의미에서 완전한가? 그러한 초수학적 증명 자체가, 그것들이 무엇이든 간에, 그것들이 정당성을 밝혀 내려는 체계만큼이나 회의주의의 공격에 노출될 수 있다는 점을 걱정한 힐베르트는 수학적 증명들은 '유한수의 항들'로 표현되어야 하고 그것들이 다루는 기호들의 결합 특성만을 이용해야 한다고 주장했다. 또한 힐베르트는 의미나 무한집합이 관여해서는 안 되고 유한한 단계들의 짧고 직접적이고 직관적으로 명백한 연속만 관여해야 한다고 주장했다.

크로네커의 얼굴이 사고思考의 스크린에 얼핏 나타났다가 재빨리 사라진다.

쿠르트 괴델은 1906년 모라비아*의 브륀 마을에서 태어났다. 괴델이 어렸을 때 류머티즘열을 앓은 에피소드를 전기 작가들이 특기할 만큼 괴델의 성장 과정과 초기 교육은 평범했다. 1910년에 찍은 가족사진에서 둘째 아들 괴델의 모습을 엿볼 수 있다. 사진에는 볼이 오동통한 아이가 차분한 검은 눈을 한 어머니와 넓은 이마에 콧수염을 기른 아버지 사이에 불안스레 앉아 있고, 아버지는 어서 사진 촬영이 끝나고 신문이나 보았으면 하는 듯 마뜩잖은 표정이 역력했다. 괴델의 형은 커서 유명한 빈의 방사

---

* 오스트리아–헝가리 제국의 모라비아, 현재의 체코 공화국을 말함.

선 의학자가 되었다. 사진 속의 괴델의 형은 가족들 옆에 서서 괴델이 아무렇게나 팔뚝을 괴고 있는, 아름다운 삽화가 그려진 책을 가리킨다. 괴델은 독일에서 김나지움을 다니며 외국어, 라틴어, 독일 고전, 수학을 배웠다. 잘 보존된 초등학교 시절의 숙제장을 보면 괴델이 초등 수학에서 불가피한 실수를 저질렀음을 알 수 있는데 이 실수는 아인슈타인이 저질렀다는 실수와 같은 것이었고, 수학자들조차 위대한 수학자도 어렸을 때 엉뚱한 실수를 한다는 것을 알고 만족해하는 그런 실수였다. 괴델은 라틴어 실력이 뛰어났는데 어릴 때도 라틴어 성적이 좋았다. 이것을 보면 괴델이 라틴어에서 결코 실수하지 않았으리라고 짐작할 수 있다.

그 후 괴델은 빈 대학에서 공부했다. 처음에는 이론 물리학에 관심을 보였으나 2년 후에는 수학에 몰두했고, 그다음에는 명확성을 지나치게 요구하는 그의 성질과 딱 맞아떨어지는 과목인 수리논리학에 빠졌다. 사람들의 말을 종합하면 괴델은 지적으로 기품 있고, 관대하고, 남을 돕기 좋아하며 명석했다. 괴델의 천재적 재능은, 친구들이나 선생들이 괴델을 평범한 아이였다고 회상한 것에서 알 수 있는 것처럼, 그의 일상적인 행실 때문에 남들 눈에 띄지 않았다. 괴델은 명석함을 타고났다. 괴델은 연하의 여자와 사귄 적이 있었는데 하오 왕Hao Wang은 자신의 회고록에서 이 여자를 '지적 열의'를 지닌 사람이었다고 적었다. 괴델은 후에 빈의 한 카바레 댄서를 아내로 선택했는데 그 여자가 바로 아델 포르케르트Adele Porkert 이다. 후에 '연상의 아내**'가 된 포르케르트는 지적 열의라고는 도무지

** 포르케르트는 괴델보다 여덟 살 연상이었다.

찾아볼 수 없는 사람이었고, 결혼은 대성공으로 판명되었다.

1929년 괴델은 스승 헤르만 한Hermann Hahn과 필립 푸르트뱅글러Philip Furtwängler에게 박사 학위 논문을 제출했다. 내용은 기초 수학 논리의 완전성을 증명한 것이었다. 이 증명은 많은 유능한 수학자들도 달성하지 못한 업적이었다.

그 후 괴델은 이상하게도 대서양을 오가는 생활을 했다. 1930년대에는 새로 생긴 프린스턴 고등연구소에서 강의했고, 노트르담*에서 초급 논리를 강의하기도 했다. 크누트 로킨Knute Rockne**을 존경해 마지않던 학부생들이 올빼미 같은 괴델을 어떻게 생각했을지는 말하기 어렵다. 어깨가 떡 벌어진 그 중서부 학생들에게 강의할 때 괴델의 코가 칠판에서 떨어진 적이 없었다는 이야기도 있다. 1930년대 말 괴델은 유럽을 떠났다. 오스트리아를 떠나야겠다는 그의 최종 결심은 굳어졌다. 소문에 따르면 군대 복무 적격자임이 알려져 곧 입대할 것이라는 통지에 놀라서 오스트리아를 떠나기로 결심을 굳혔다고 한다.

전설이 쌓이기 시작했다. 1940년 괴델이 프린스턴에 영주했을 때만 해도 어려서는 자신감에 넘치고 젊어서는 지적으로 기품이 있고 관대하며 남 돕기를 좋아하고 명석했던 사람이었지만 이제는 두려움 많고 앞뒤를 가리지 않는 병적인 은둔자가 되었다.

---

* 미국 중서부에 있는 대학.
** 20세기 초의 유명한 미식축구 코치.

1930년 11월 17일 『수학-물리학 월보』는 '『수학 원리』와 이에 관련된 체계들의 형식적으로 결정 불가능한 명제들에 관하여'라는 괴델의 논문 텍스트를 접수했다. 이 논문은 이듬해 봄에 출간되었고, 수학계에 망치로 치는 것 같은 파문을 불러일으켰다. 40쪽밖에 안 되는 이 논문은 힐베르트 프로그램이 불가능한 것임을 증명했다. 『수학 원리』의 체계는 불완전했다. 『수학 원

'괴델의 정리'로 수학계를 큰 충격에 빠트렸던 쿠르트 괴델.

리』의 체계에서 사용된 기호들의 범위를 벗어나지 않고 명제가 구성될 수 있는데, 이때 『수학 원리』가 모순이 없다면, 그 명제에 대한 증명이나 그 명제의 부정에 대한 증명이 불가능할 경우가 있을 수 있다. 그런 명제는 결정 불가능이다. 게다가 그 명제는 참이다. 그래서 괴델의 불완전성 정리는 자고이래로 수학자에게는 없어서는 안 될 도구이자 영예의 상징이던 증명 방법을 흔들어 놓았다. 그러나 불완전성 정리가 하나의 '정리'였다. 괴델은 증명 불가능한 것을 증명하여 증명 방법을 동시에 그리고 단번에 지지하면서 파괴했다.

괴델의 제1정리로 야기된 놀람은 괴델의 제2정리에서 온통 충격파로 변했다. 괴델은 『수학 원리』의 무모순성이 절망적으로 손상되었음을 증명했다. 정수 산술에 모순이 없다는 증명은 모두 『수학 원리』에 쓰인 추론 기법보다 더 강력한 추론 기법을 요구한다. 수학의 지적 정직함은 근본적

으로 손상되었다. 수학의 무모순성은 의심할 수 없는 것인 동시에 증명할 수도 없는 것이다.

힐베르트는 괴델의 결과를 알고 처음에는 화를 냈다가 나중에는 안달했다고 한다. 많은 논리학자들이 말문을 잃었고, 어떤 수학자는 어찌할 바를 몰랐다. 70년도 더 지나 괴델의 정리는 완전히 다른 반응을 불러일으키고 있다. 아주 멋진 일이다.

괴델의 증명은 실질적으로 수학 자체의 배경을 요구하지 않는다는 점에서 특이하다. 그렇지만 추론 방법은 유달리 복잡하다. 괴델 자신은 유대인이 아니었지만 그의 위대한 논문은 옛날 탈무드 주석서의 전통에 자리 잡고 있다.

"형식적 체계의 논리식은…… '외부에서 보면' 원시기호들의 유한급수이다"라고 괴델은 말한다. 그의 증명이 요구하는 엄밀함의 수준을 달성하려면 괴델이 열거한 원시기호를 들여다보는 것이 나을 것이다. 먼저 '$\sim$'(아니다), '$\lor$'(또는), '$\forall$'(모두), '0'(영), 'f'(후자), '$($'(왼쪽 괄호), '$)$'(오른쪽 괄호)라는 논리 상수가 있다. 그다음에 'x', 'y', 'z' 같은 개별 변수가 있다. 개별 변수의 범위는 자연수이다('x는 소수이다'라는 논리식에서처럼), 그다음으로 류 또는 수의 집합을 나타내는 변수들이 있다. 마지막으로 대규모 모음인 수의 집합들의 집합들을 범위로 하는 변수가 있다. 이 체계에서 논리식은 원시기호들의 어떤 문법적 결합이다.

이 체계는 희박하지만 현재 포함하지 않는 것들을 정의와 반복에 의해 채울 수 있다. 이 체계에서는 자연수 각각을 나타내는 이름이 없다. 그래서 보통의 아라비아 숫자 '4'를 이용하여 4가 0이 아니라는 사실을 나타낼 방법이 없다. 그러나 어떤 자연수든지 이 체계에서 반복되는 연속에 의해 정의될 수 있다.* 그래서 $ffff(0)$은 그 빠져 있는 4를 의미하고, 이 체계를 벗어나지 않고 논리식 '$\sim(ffff(0)=0)$'은 통상적으로 우리가 그 체계 밖의 관점에서 $4 \neq 0$으로 표기함으로써 나타내려는 그것을 가리킨다.

괴델 논문의 핵심에는 엄격하게 물리적 형상으로 받아들여지는 여러 가지 기호와 자연수 사이의 연결이 있다. 이 연결은 괴델 수라고 알려졌고, 그것은 해석 기하학에 적용된 데카르트 방법의 힘과 유연성을 이 수학 분야에 가져다주었다. 모든 기호, 모든 논리식, 모든 논리식의 급수, 또 그런 급수들의 급수 전부에 괴델은 고유한 수를 할당했다. 기본 기호는 각각 특정 소수로 사상寫像된다. 즉, '0'↔1, 'f'↔3, '$\sim$'↔5, '$\lor$'↔7, '$\forall$' ↔9, '('↔11, ')'↔13. 더 복잡한 논리식들과 논리식의 급수는 더 복잡한 소수로 사상된다.

논리학자로 승격되고, 그래서 논리학자와 팔짱 낀 친구가 된 독자는 어떤 사실이 감추어지면서 오히려 파악되는 지적 과정을 시작해야 한다. 대인 관계에 능숙한 사람은 어려움이 없을 것이다. 46개의 정의에서 괴델은 자신의 수 체계를 이용하여 형식 체계 '안의' 논리식들이 자신에 '대한' 언급을 하는 데 사용될 수 있고, 동시에 의미를 획득하고 그런 다음 그 의미를 모두 잃는 방법을 보여 주었다.

46번 정의가 마지막이다. 이 정의는 일련의 물리적 형상(체계의 한 논리

---

* 여기서 숫자는 기호를 말한다. 수는 그 숫자가 갖는 값.

식)이 적절하게 읽혀질 때 자신에 대하여 언급하는 힘을 얻는 방법을 보여준다. '*B*'는 증명을 뜻하는 독일어 베바이스~Beweiss~의 '*B*'를 의미한다. 필요한 정의는 다음과 같다.

$$Bew(x) = (Ey)yBx *$$

이 일련의 14개의 물리적 형상은 이제 많은 사실로 이루어진 물에서 목욕해야 한다. 그것들은, 약간 초점이 벗어난 여러 가지 스테레오 광학 이미지들이 결국에는 뚜렷한 하나의 이미지로 융합되듯이, 기억 속에 유지되고 있어야 한다.

이 형상들은 먼저 형식적 정의 구실을 해서, 기호 '$Bew(x)$'는 기호 '$(Ey)yBx$'의 항으로 정의된다. 이런 식의 정의는 '의미'와 관련이 없다. 그것은 논리학자가 어떤 가상의 영화에서 물리적으로 장면을 조작할 수 있게 허가받은 것처럼 한 형상들의 집합을 다른 형상들의 집합으로 대체하는 것을 허용하는 방법일 뿐이다. 말총머리에 노란 앙고라 스웨터를 되는 대로 어깨에 늘어뜨린 논리학자는(이제는 감독으로 승격했다) 이 수학적 영화의 천천히 풀리는 릴에서 $Bew(x)$를 발견한다. 그리고 나서 얼굴을 찡그리고 '컷'이라고 중얼거리며 '$Bew(x)$'를 버리고 대신 '$(Ey)yBx$'로 대체한다.

---

* 이것은 "'x'의 증명인 어떤 y가 존재한다." 또는 간단히 "x는 증명 가능한 논리식이다"라는 뜻을 지니고 있다. E는 흔히 ∃로 표현되며, 존재기호라 부른다.

이런 '컷'과 '대체'의 행위는 정의의 사슬을 따라 46번 정의에서 1번 정의로까지 내려간다. 그래서 기호 '$(Ey))yBx$' 자체는 컷 되어서 편집실 바닥에 내버려지고, 대신 45번 정의에 보이는 기호로 대체된다. 그다음에 이 45번 정의는 44번 정의의 항으로 정의된다. 이런 식으로 해서 이 체계의 원래 장치, 즉 처음에 있었던 장면과 형상들로 돌아간다. 거기서 영화 수학자는 만족해하며 탁 하고 자신의 투실한 허벅지를 친다.

그러나 이 기호는 단어나 기호가 의미를 부여받는 낯익은 그런 종류의 실제 정의만큼 기능을 잘 발휘한다. 아까 그 영화가 엄청나게 비싼 편집실 기계장치의 스프로켓** 위를 돌고 있다. 그러나 나타난 장면은 좀 다르다. 전에는 흑색, 흰색, 회색밖에 없었던 곳에 지금은 온갖 미묘한 색깔이 있다. 뻬드로Pedro인지 페드로Fedro인지 하는 그 감독은 자신이 맨 먼저 컷한 그 단조로운 기호가 진동하게 되자 만족한 듯이 중얼거린다. 저 멋진 푸크시아***를 한번 보란 말이야!

그렇게 해서 $Bew(x)$는 '수' x가 Bew라고 말한다(그것은 '말을 한다!'). 뻬드로인지 페드로인지 하는 그 감독은 기호 Bew가 자연수의 어떤 성질을 언급한다는 것을 우리에게 상기시킨다. 감독이 브린모어 대학에서 영화를 공부하고 최근에 졸업한, 입을 떡 벌리고 있는 조수, 그 '허니'에게 x가 Bew이다, 라고 하는 것은 x가 '소수'이다, 라고 하는 것과 같다. 우리는 확실히 그런 식으로 촬영했다고 설명한다.

** 필름을 감는 레버.
*** 남아메리카 원산인 바늘꽃과의 관상 식물.

이제 다음은 괴델 수에 의해 유발된 복화술을 수단으로 하여 마지막 컷 (감독의 컷)이 이루어진다. 방금 그 푸크시아의 미묘한 색채로 산술적 진술을 한 장면이 목격된 바로 그 논리식은 이제 무척 히스테리컬한 빨강과 흐느끼는 보라색의 색채를 취한다. 이 색깔들은 바야흐로 펼쳐지는 '초수학적' 장면을 강조하는 구실을 한다. 왜냐하면 $Bew(x)$는 수에 관해 무언가를 말하면서 또한 다음과 같이 말하기 때문이다.

'x는 증명 가능한 논리식이다.'

그 '허니'에게 이것은, 수 x가 '그 암호 아래에서' 증명 가능한 논리식과 연관된 수임을 의미한다고 설명한다. 여기서 자신의 예술품에 감탄하느라 정신없는 감독은 저건 참으로 영화에 대한 영화야, 라고 겨우 중얼거릴 수 있을 따름이다.

이것은 46번 정의의 범위와 계보를 추적하는 것이다. 정의해야 할 다른 기호는 없다.

수와 암호, 거장과 작품, 영화와 영화제작자.

이제, 괴델 수들의 꼬리표를 달고, 그래서 이중의 목소리를 부여받은, 한 형식 체계의 논리식을 이용해서 괴델이 논문 서문에서 밝힌 괴델의 핵심 주장을 평이하게 서술해 볼 수 있다. 이 서술은 그 뒤에 나오는, 훨씬 더 긴 증명에서는 다소 벗어나지만 더할 나위 없는 괴델의 간결함으로 괴델의 착상의 움직임을 전달한다. 이 논의는 그 편집실의 예에서 이미 분명해진 것과 같은, 다양한 포스트모던한 관점을 요구한다.

『수학 원리』의 논리식들이 끝없이 나열된 스튜디오 스틸들인 양, 그 체계 밖에서 검증되는 상황을 생각해 보라고 괴델은 말했다.

늘씬한 다리를 꼬고 있던, 위에서 말한 브린모어 출신의 '허니'는 이제 이 논리식들을 한 목록으로 정돈하느라고 눈코 뜰 새 없다. 제1논리식이 있고, 제2논리식이 있고, 허니가 $R(n)$으로 표시한 제n 논리식도 있다. 허니는 잠시 초수학자의 서기 노릇을 하고 있다. $R(n)$은 체계 '안'의 논리식이 아니라, 체계 '밖'에서 표현된, 체계 안에 있는 논리식의 '이름'이기 때문이다.

수단이 좋은 '허니'는 편집실 바닥에서 『수학 원리』의 체계 '속'으로 들어가는 방법이 있다는 것도 알고 있다. 그것은 $R(n)$을 체계 내의 특정 논리식에로 안내해 주는 가이드로 삼아 그 논리식 속에서 변수 x가 나타날 때마다 대신 숫자 n을 삽입하는 것이다.

이런 방법으로 구현된 기법은 감독의 속기 형식으로 표현될 수 있다. 그것은 뻬드로인지 페드로인지 하는 그 감독이 그녀가 정말로 있어야 할 세계로 '허니'를 되돌려 보내고 싶을 때 지를지도 모르는 소리(그가 간혹 그렇게 중얼거리는 소리를 들을 수 있다) 같은 것이다. 이 속기는 초수학자의 논리식 [α; n]으로 표현된다. 이것은 사물 속으로 들어가는 일반 처방이다. [α; n]은 n을 지칭하는 그 기호 혹은 형상이 무엇이건 간에, n이 α가 지칭하고 있는 논리식에 포함되어 있는 x를 대체할 때 생기는 것이다.

이것을 본 '허니'는, 논리식 [α; n]은 체계 밖에서 표현된다고 지적한다. 맞는 말이다. 그러나 그것이 명시하고 있는 논리식은 체계 '내'에서 신음

하기도 하고, 짝짓기도 하고 반향하기도 한다.

비주얼 커뮤니케이션을 전공한 졸업생이 그토록 형식 논리에 대한 놀라운 감각을 가졌음에 나도 모르게 감명을 받은 필자는 '허니'의 조개 같은 귀에 다음과 같이 속삭여 주고 싶어진다.

n이 4라면 그 숫자는 $ffff(0)$이다. x가 소수이다, 라고 하는 논리식이 α라면, $[\alpha; n]$은 4가 소수이다, 라고 말하는 체계 '내'의 논리식을 나타낸다. '소수이다'라는 기호 자체가 체계 '내'의 기호로 대체될 때 '$ffff(0)$은 소수이다'라는 것은 그 체계'의' 한 논리식이 된다.

이제 필름은 스프로켓 위에서 펄럭이고, 곧 이해하기 어려운 장면이 펼쳐지려 하고 있다. '허니'가 주의를 기울이려고 애쓰는 것을 보면 『레드북』*의 독자인 여러분들도 애를 써야 할 거라는 생각이 든다.

이 초수학 감독은 말하고 있다. 그것도 어떤 형식 체계의 범위 너머로부터. 물론 그는 형식적 체계에 대하여 말하고 있다. 그는 어떤 수의 집합 K를 정의하려고 한다.

$[R(n); n]$이 증명 가능하지 '않은' 경우에 수 n은 K에 속한다. 필자의 여러 감독들은 결정적인 순간에 잘 사라지므로 필자가 직접 해설을 맡으려고 한다. $R(n)$은 논리식들의 주목록에 올라 있는 논리식 가운데 하나이고, 초수학자의 전문용어로 표현된 것이고, 진실을 말하자면 뻬드로인지

---

* 잡지 이름.

페드로인지 하는 그 친구처럼 체계 밖에 있는 아웃사이더이다. 그러나 $R(n)$은 또한 내부에 있는 논리식, 수 n을 지칭하는 숫자가 주목록에 있는 n번째 논리식에서 변수 x를 대체할 때 내부에서 매우 특별한 논리식이 되는, 그런 논리식의 이름이기도 하다.

집합 K는? 그것은 증명 가능성의 초수학적 개념의 항으로 정의되었다('우리가' 그것을 정의했었다). 그러나 되감긴 필름에서 보면, 증명 가능성은 바로 46번 정의가 이미 정의한 것이다. 괴델 수 방식이라는 기적을 이용하면 그것은 전적으로『수학 원리』체계 안에서부터 표현되어 나올 수 있는 개념이다. 여러분이 등골이 오싹해지는 것을 느낀다면(필자는 늘 느낀다) 그 오싹함은 결국 위대한 예술 작품의 고상함에 바칠 수 있는 단 하나의 적절한 경의이다.

증명 가능성이 체계 내에서 정의된다는 사실로부터, 어떤 논리식 S가 있어 $[S; n]$이 n이 K에 속한다는 뜻이 되는 그런 S가 『수학 원리』'안'에 존재한다는 결론이 나온다. 이것은 체계 밖에서부터 관찰한 것이다. 그러나 괴델이 발견한 것처럼, 아니 그가 증명한 것처럼 '논리식 S를 실제로 적어 내는 데는(『수학 원리』의 체계 내에서 논리식을 적어 내는 데는) 전혀 어려움이 없다'.

그런데 그때는 논리식 목록에 들어 있는 '어떤' 논리식 $R(q)$에 대해서

$$S = R(q)$$

가 된다. 그 목록은 '모든' 논리식을 포함하고 있기 때문이다.

괴델은 "이제 명제 $[R(q), q]$가 결정 가능하지 않음을 보이겠다"라고 잘라 말했다.

이루 말할 수 없이 기이한 순간이 도래했다. 무대와 세트, 배우와 감독, 편집실 바닥과 컷들 자체가 영원한 순간 동안 꼼짝도 않는다. 논증은 전개된다.

- 논리식 $R(q)$는 초수학자의 저 세상에서 온 논리식이다. 이 논리식은 목록에 자리 잡고 있는 특정된 수 q를 갖고 있다.
- 그러나 논리식 $[R(q), q]$는 체계 내에서 증명 불가능함의 성질을 정의하는, 『수학 원리』의 논리식을 지칭한다.
- q를 나타내는 숫자가 논리식에 있는 변수를 대체할 때 그 논리식은 그 숫자가 나타내는 수(실제 q임)에 대하여 그 수가 주목록에 들어 있는 증명 불가능한 논리식의 수에 해당된다는 의미를 갖게 된다.
- 그 증명 불가능한 논리식은 $[R(q), q]$ 자체이다. 그것이 자신에 관하여 말하는 소리를 엿들어 보면, 자기가 증명 가능하지 않다고 말하고 있다.

물론 그것이 말하는 것은 참이어야 한다. $[R(q), q]$로 나타내어진 논리식이 증명 가능하다면 q는 K에 속할 것이다. 이것은 K의 정의를 생각하면, $[R(q), q]$가 증명 가능하지 않음을 의미할 것이다.

한편 $[R(q), q]$의 부정도 증명 가능하지 않다. 왜냐하면, 그것이 증명 가능하다고 가정해 보자. q는 K에 속하지 않을 것이다. 그러나 그 경우, 결국 $[R(q), q]$의 증명이 존재할 것이다.

결국 $[R(q), q]$로 나타내어진 논리식도, 그 부정도 증명 가능하지 않다.

우리 자신은 뻬드로인지 페드로인지 하는 그 감독이 스스로 컷을 당해 사라지도록 하고, 23세의 기록영화 감독인 쿠르트 괴델에게 탁월함을 되돌릴 수 있다.

이 굉장한 논증의 정화되지 않은 이미지가 멀어져 가고, 괴델의 제1정리의 상세한 내용도 멀어져 간다. 바로 제2정리가 나타난다. 제2정리는 무모순성 문제를 직접 다룬 것이다. 제2정리는 괴델이 자신의 제1정리를 여러 수학자들에게 알린 후 존 폰 노이만John von Neumann이 깨달은 정리이다. 그러나 자신이 발견한 것을 괴델에게 알리려고 열심히 편지를 썼을 때 노이만은 괴델이 같은 것을 이미 발견했음을 알았다. 괴델의 제2정리의 취지는 손을 몇 번 놀리는 것만으로 전달될 수 있다. 제1불완전성정리는 『수학 원리』의 체계가 모순이 '없다면' 결정할 수 없는 명제가 존재한다고 단언하고 있다. 이 명제는 우리 내부에서부터 표현되어 나올 수 있다. 이제 괴델 수 방식이라는 마술과 이중사고라는 부수적인 기적을 이용하면 체계의 무모순성은 체계 내의 논리식으로 나타내질 수도 있다. 자세한 논의는 생략하고, 그 논리식이 CON이라는 문자로 지칭된다고 가정해보자. 괴델의 제1정리는 전적으로 다음의 두 논리식 사이의 작용으로 『수학 원리』 체계 안에서 표현될 수 있다. 'CON이라면 $[R(q), q]$이다.'

70년도 더 전에 이 코드를 바라보면서 놀라움과 실망을 똑같이 느낀 폰 노이만과 괴델은 CON의 체계 안에 CON의 증명이 존재한다면 2단계의 기본 논리를 적용하면 $[R(q), q]$의 증명도 존재할 것임을 알아챘다. 그러나 이것은 한마디로 제1정리가 단언하는 것이 불가능하다고 단언하고 있다.*

따라서 초등 산술의 무모순성은 그것이 가장 중시하는 체계의 능력 밖에 존재한다. 괴델의 정리가 가져온 파괴는 이제 완결되었다.

괴델의 논문이 발표됨으로써 힐베르트 프로그램은 끝났고, 아울러 수학의 도덕적 숭고함을 확립하려는 노력도 모두 끝났다. 괴델의 논문 발표로 시작된 시대는 지금까지 이어진다. 예기치 못한 불확실함은 이제 수학 문화의 일부이다. 기이한 해방감이다. 괴델의 정리가 공리적인 방법의 자부심을 꺾었다면, 그것은 또한 수학계에게 수학적 지식의 원천은 신비한 것이고 앞으로도 신비한 것으로 남을 것이라는 사실을 지금까지는 익숙하지 않았던 겸손함으로 받아들이게 만든다.

괴델은 1930년대에 새로 생긴 고등연구소에서 강의했다. 괴델의 강의는 자신이 연구한 것을 발표하고 설명하는 내용으로 구성되었다. 알론조 처치Alonzo Church, 스티븐 클린Stephen Kleene, 바클리 로서Barkley Rosser, W.V.O. 콰인W.V.O. Quine, 앨런 튜링Alan Turing 같은 몇몇 핵심 전문 논리학자는 괴델 정리의 뜻을 바로 이해했다. 이 사람들은 괴델의 정리를 이해하게 됨으로써 위대한 천재가 낳은 위대한 예술 작품을 이해하게 되었다는 확신(수학자들 사이에서조차 보기 드문)을 만끽했다.

---

* 그래서 CON의 증명은 존재할 수 없다.

거의 30년 동안 괴델의 정리는 여전히 난해한 것으로 남아 있었다. 활동하던 많은 수학자들은 이 난해한 점 때문에 골머리를 앓았다. 괴델의 논문은 1961년에야 영어로 출간되었다. 필자가 괴델의 본거지인 프린스턴에서 논리학을 공부하던 1960년대에도 알론조 처치가 꼼꼼히 작성한 등사된 노트와 에른스트 네이글Ernst Nagel과 제임스 뉴먼James Newman이 유용하고 쉽게 쓴 설명으로만 이 위대한 정리를 배울 수 있었다.

이제 더글러스 호프스태터Douglas Hofstadter의 흥미진진한 책 『괴델, 에셔, 바흐Gödel, Esher, Bach』 덕분에 사정이 달라졌다. 그런데도 괴델의 정리는 여전히 난해한 점이 있고, 많은 수학자들은 괴델의 정리를 부차적인 관심사로 받아들인다.

다른 한편으로 물리학자뿐만 아니라 철학자들도 나름대로 괴델의 정리를 자기 것으로 만들려고 시도했다. 물리학자 스티븐 호킹Stephen Hawking은 최근에 자신은 모든 것을 통합된 하나의 이론으로 설명하려는 기대에 대한 믿음을 잃어버렸다고 선언했다. '어떠한' 체계도 모순 없이는 완전해질 수 없음을 깨닫게 한 것(호킹은 이를 뒤늦게 깨달았다)은 분명히 괴델의 정리였다.

괴델의 정리는 분명히 유용한 업적이지만, 좌절감을 주는 것이기도 하다. 그 정리의 응용은 힘도 없고 명료함도 없고 증명 자체에 대한 확신도 가져다주지 못할 뿐만 아니라 모든 의도된 응용에는 역 응용이 발견될 수 있기 때문이다.

괴델의 정리가 위대함을 의심하는 사람도 없지만, 그 '의미'를 이해하는 사람도 없다. 이것은 나름대로 괴델 정리의 힘에 대한 주목할 만한 찬사이다.

1942년 뉴저지의 트렌턴에서 시민권 획득 시험에 응했을 때 괴델은 미국 헌법 원리의 세세한 점에 관해 담당 판사와 한바탕 입씨름하려고 마음먹었다. 날씨가 고약한 뉴저지의 어느 날, 괴델은 난민 무리들과 같이 찜통 같은 법정에 서 있었다. 후원자이자 친구 노릇을 하는 알베르트 아인슈타인이 괴델 옆에 있었다. 괴델이 빈틈없고 뚱뚱한 판사를 만난 자리에서 미국 헌법의 많은 조항들이 미국의 민주주의가 독재정치에 의해 전복될 가능성이 있느냐에 대하여 밑도 끝도 없이 논쟁하려 했음은 분명했다. 아인슈타인이 잘 알고 있던 것처럼 괴델은 논리적인 주장을 파멸의 가장자리까지 계속 이어갈 능력이 있었고, 이번 경우에 그는 그렇게 할 채비를 차리고 있었다.

판사는 누구나 예견할 수 있는 빤한 소리만 했다.

"그와 반대로 말이지요," 하고 괴델이 불쑥 내뱉었다. 16킬로미터나 되는 긴 논리의 사슬이 그의 입술에 막 형성되고 있었다. 아인슈타인은 깜짝 놀라 투실한 손을 괴델의 연약한 어깨 위에 얹으면서 끼어들었다. 그것만이 논쟁을 통해서 자신의 시민권 신청을 사보타주하려던 괴델의 야심 찬 계획을 무산시킬 수 있었다.

그 판사는 무난히 대처했음에 틀림없다. 그는 몇 년 전에 아인슈타인에게 시민권 선서를 하게 한 사람이었다. 그에게는 별로 놀랄 일도 아니었다.

미국 시민권을 따서 보호막을 획득한 위대한 친구 아인슈타인과 달리 괴델은 빠듯하고 검소하게 생활했다. 괴델은 엄격한 고립 상태에서 프린스턴 생활을 했다. 1939년 괴델은 선택 공리와 연속체 가설이 체르멜로-프랜켈Zermelo-Fraenkel의 집합론 공리와 모순되지 않음을 증명하는 데 성공했고, 그리하여 비유클리드 기하학의 논리적 문제와 수학의 기초에서의 논리적 문제 사이에 광범위한 연관성을 도출했다. 20년 뒤 미국의 수학자 폴 코헨Paul Cohen은 선택 공리와 연속체 가설의 부정이 집합론의 공리와 모순되지 않음을 증명하여 수학의 핵심부에 절대로 결정될 수 없는 명제가 존재함을 밝혔다. 괴델은 1940년 뒤에도 계속 수리논리학을 연구했지만 자신의 고백에 따르면 그의 관심은 수학에서 철학으로 바뀌었다. 1948년 괴델은 자연철학자 자격으로 자신의 관심이나 역량과는 거리가 먼 분야인 일반상대성이론을 연구했다. 괴델은 시간 여행을 가능하게 하는, 아인슈타인의 장방정식에 대한 새롭고도 매우 기이한 답을 발견하는 데 성공했다. 그의 답에 따르면 은하계는 영원히 회전해야 했다. 이 문제에 얼마나 진지하게 매달렸던지 그의 무수한 서랍에는 밤하늘의 면밀한 관측에 바탕을 둔 계산 종이가 가득했다.

1978년 쿠르트 괴델은 뉴저지의 프린스턴에서 죽었다. 괴델은 말 그대로 굶어 죽었고, 검시관은 사인을 영양 부족이라 했다. 괴델은 육체적으로 그다지 건강하지 못했다. 그는 항상 자신의 건강에 신경 썼지만, 병약한 사람이 흔히 그러하듯 의사를 불신했다. 괴델은 부단히 건강을 추구했지만, 의사의 충고는 무시했다. 또한 그는 오랫동안 정신 질환을 앓았다.

그럼에도 괴델은 연구에 결론을 내린 것과 똑같은 방식으로 생을 마감했다. 그것은 대담하고, 정확하고, 독창적이고, 논박할 수 없는 것이었다.

10.

현대 수학

이제 현대 수학을 살펴볼 때이다. 수의 역사도 그렇지만 수학의 역사도 시작은 있고, 끝은 없다.

부르바키Bourbaki*를 어떻게 볼 것인가? 부르바키는 몇몇 프랑스 수학자들이 구르사Goursat의 『수리해석론Traité d'analyse mathématique』 같은 교과서가 부정확한 데 불만을 품고 몽매함으로 유명한 프랑스의 장군 이름을 본 따 1930년대에 설립한 단체이다. 이들 수학자들은 더 나은 교과서를 만들기로 결심하고 위원회를 결성하여 교수법 개선을 토의했다. 이것은 꾸며 낸 이야기이다. 프랑스 역사를 통틀어서 뛰어난 수학자치고 학생의 복지에 관심을 가진 사람은 없었다. 부르바키는 회원을 즐겁게 해 줄 요량으로 설립되었다.

그 후 이삼십 년 동안 앙드레 베유André Weil, 앙리 카르탕Henri Cartan, 장 델사르트르Jean Delsartre, 장 듀도네Jean Dieudonné, 클로드 셰발Claude Chevalle을 비롯

---

* 프랑스의 가명 수학자 집단.

한 많은 뛰어난 수학자들이 이 단체에 가담했다. 이들 수학자들은, 말할 것도 없이 모두 다른 수학자들의 연구를 바로잡고 가능하다면 아예 없애 버리는 것이 자신들의 첫 번째 임무라고 생각했다. 부르바키 회원은 남을 업신여겼을 뿐만 아니라 자기들끼리도 독설을 퍼부었다. 이 단체의 서기는 앙리 카르탕이 쓴 어떤 책의 첫 장 초안을 읽자마자 카르탕에게 "넌 이제 끝장이야Tu es foutu"라고 써 보냈다.

부르바키 회원은 수학에 대하여 만족할 만하고도 포괄적으로 일치되는 판단을 내려 단체의 결속을 유별나게 과시했다. 이러한 태도는 주제 X(호몰로지 대수)는 좋고 주제 Y(유한군)는 나쁘다는 단순한 패턴으로 흐르는 경우가 많았다. 역사가 이러한 판단들을 확 뒤집어 놓곤 했다는 사실은 그들을 더욱 신랄하게 만들 뿐이었다. 부르바키 회원들은 수학이 하나의 거대한 집합 이론적인 구조라고 확신했다. 프랑스어를 하는 이 거대한 구조는 스핑크스처럼 그 큰 덩치에도 불구하고 날 수 있다고 생각되었다. 부르바키는 책을 40권 넘게 출간했는데 마지막 책(스펙트럼 분석에 관한)은 1983년에 출간되었다. 이 책들은 회원들이 늘 원했던 기능을 수행했고, 여러 가지 체계를 세웠다. 학생들은 이 책들이 쓸데없음을 알았는데, 이는 가르침에 대해 배은망덕함을 보이는 학생의 태도를 보여 준 좋은 예였다.

수학에 식견이 있는 사람이라면 수학적 관심사가 10년마다 바뀜을 알아챌 것이다. 유명해지기를 바라는 수학자들이 주목을 받으려고 뛰어들곤 했다. 1940년대에는 호몰로지 대수, 카테고리 이론, 아르틴Artin의 상반법칙이 거론되었다. 1950년대에는 모스Morse 이론과 미분위상기하학이 거론되었고, 해슬러 휘트니Hassler Whitney, 르네 톰, 스티븐 스메일Steven Smale이 고급 강의실을 독차지했다. 스티븐 스메일은, 그가 여러 경우에 자주 언급했던 바와 같이, 리우데자네이루 해변에서 무한차원의 푸앵카레 추측을 해결했다. 10년 뒤에는 대수기하학이 수학자에게 섬광을 발하는 것처럼 보였다. 알렉상드르 그로텐티크Alexander Grothentieck는 르네 톰이 압도적인 기술적 탁월함이라고 표현한 바 있는 능력으로 이 분야를 지배했다. 그 후 그로텐티크는 수학을 포기하고 프랑스 남부의 동굴에서 살았다고 전해진다. 그로텐티크는 거기서 여러 가지 생태 문제에 몰두했다. 필자는 그다음에는 유한단순군이 이어졌고 또 그다음에는 타니야마-시무라 추측, 유명한 페르마 정리의 증명, 그리고 앤드루 와일즈, 켄 리벳Ken Ribet, 배리 마주르Barry Mazur, 게르하르트 프레이Gerhard Frey의 공동 연구가 이어졌다고 생각한다.

그러나 안에 있는 것과 밖에 있는 것, 뜨거운 것과 차가운 것을 구별하는 구태의연한 설명처럼 느껴지는 이 리스트는 쉽게 여러 가지 방식으로 다시 작성될 수 있다. 이것은 수학이 오랫동안 지녀왔던 어떤 것을 이제는 갖고 있지 못하다는 증거이다. 그것은 안정된 중심이다.

안정된 중심이 없을지라도 현대 수학은 확인할 수 있기는 하나 일관되지는 않은 모순된 경향을 보인다. 그것은 마치 강이 갑자기 여러 시내로 갈라지는 것과 같다.

수학의 주류는 점차 더욱 추상적으로 변했다. 최고의 주류 수학자들은 위풍당당한 사령관처럼 넘치는 많은 수학 연구 전반을 지휘했고, 수학 연구의 전 범람원에 지시를 했다. 1960년대에 미국의 수학자 로버트 랭글랜즈Robert Langlands는 많은 관심을 끄는 주제들이 서로 뜨겁게 연결됨으로써 수학의 여러 분야가 통합되리라 예상했다. 랭글랜즈는 앙드레 베유에게 보내는 대담한 편지에서, 비록 추측의 형태를 띠기는 했지만, 처음으로 자신의 견해를 분명히 밝혔다. 손으로 쓴 그 편지 복사본은 투린Turin의 수의 사진처럼 지금 인터넷에 떠돌아다니고 있다. 타니야마-시무라 추측이 그 한 가지 예이다. 타니야마-시무라 추측은 다른 것들을 암시한다. 두 수학 세계가 검증을 받고 있다. 먼저 모듈 형식이 있다. 이것은 어떤 쌍곡 공간에서 발견되는 매우 대칭적인 구조이다. 다음으로 타원방정식이 있다. 이것은 $y^2 = x^3 + ax^2 + bx + c$의 형태로 된 방정식이다. 대칭 구조, 쌍곡 공간, 타원방정식은 모두 '예술의 아들들'을 암시한다. 러시아식으로 손가락을 까닥거리는 로바체프스키, 불운한 갈루아, 데카르트, 심지어 피타고라스조차도 이 모든 세월이 흐른 뒤에도 여전히 수에 사로잡혀 있다.

1950년대 어느 시기에 일본의 젊은 수학자 유타카 타니야마Yutaka Taniyama와 고로 시무라Goro Shimura는 모든 모듈 형식에는 타원방정식이 대응하고 그 역도 성립한다고 추측했다. 당시에는 그 추측이 옳다고 생각할 근거가 없었다. 몇 가지 예를 제외하면 그 추측이 그럴듯하다고 생각할 만한 특별한 근거가 없었다. 그러나 페르마의 정리를 증명하면서 앤드루 와일즈는 타니야마-시무라 추측의 제한된 경우를 확립하여, 나중에 쌍둥이로 판명된 사촌들처럼, 그다지 관계가 가깝지 않은 것으로 여겨졌던 수학의 분야 사이에 깊은 통일성이 있음을 밝혔다.

베유에게 보내는 편지에서 랭글랜즈는 훨씬 광범한 통합 프로그램을 제시했다. 이것은 갈루아 이론 형태로 대수학을, 자기 동형 형태로 해석학을, 어떤 유한군의 표현으로 수 이론을 수용한 것이고 결국 아이덴티티, 구조, 수라는 옛날의 형이상학적 개념을 통합한 것이다. 와일즈가 타니야마-시무라 추측을 확립하는 데 성공함으로써 랭글랜즈의 프로그램은 낭만적 탐색에서 수리물리학의 웅대한 대통일 이론 추구와 매우 비슷한 추구로 바뀌었다. 이 프로그램은 완성되기만 하면 모든 수학에 단하나의 법칙만 존재한다는 것, 다시 말해 별개의 것들로 보였던 것들이 동일하다는 것을 보여 줄 것이다. 수학자들은, 정치학자들이 과거를 뒤돌아보고 조지 마셜George Marshall 장군에게 몇 가지 미덕을 돌린 것처럼, 랭글랜즈에게 몇 가지 미덕을 돌렸다. 쉽게 말하자면 수학자들은 랭글랜즈가 마셜처럼 장래를 내다볼 줄 알고 통찰력 있고 대담하다는 사실을 깨달았던 것이다.

필자는 거기에 행운이 뒤따랐다는 사실도 덧붙이지 않을 수 없다.

현대 수학에 강력한 통합의 힘이 있다면 그 역도 참이다. 미국수학협회 AMS는 대수위상기하학에서 체르멜로-프랜켈의 집합론에 이르는 수학의 주요 전문 분야 50가지를 열거했다. 이 50가지 전문 분야는 3,000가지 이상의 하위 분야로 나누어진다. 수학의 영역을 가로지르는 대화는 몹시 어려울 때가 많다. 필자는 강의 조교였을 때 내 밑에서 배우는 대학원생에게 교과서의 미분 문제 다루는 방법을 물어본 적 있다. 필자는 정말 그럴 줄은 몰랐다. 필자에게는 도통 생소한 방법이었다. 그것은 나의 '스승'에게도 마찬가지였다.

그 대학원생은 "전 연속은 다루지 않습니다"라고 호의적으로 말했다.

몇몇 수학자들은 그들이 오랫동안 차지해 온 생태적 지위가 심각한 위협을 받으려 하고 더욱 조야한 형태의 생명이 가장자리를 이미 잠식하고 그 영토를 침범하는 데 불안을 느끼고 있다. 수학자 존 캐스티John Casti는 "컴퓨터가 모든 것을 바꾸어 놓고 있다"라고 했다. 캐스티의 말은 컴퓨터가 모든 것을 바꾸어 놓고 있다는 것을 주제로 다룬 스티븐 울프럼Stephen Wolfram의 『새로운 종류의 과학A New Kind of Science』 출간으로 촉발되었다. 그렇지만 기이하게도 컴퓨터가 모든 것을 바꾸어 놓고 있다는 것이 사실이라면 컴퓨터가 아직까지 아무것도 바꾸어 놓지 못했다는 것도 사실이다. 수학자들은 대개 오랜 경험으로 보증이 된 세 쌍둥이, 즉 연필, 종이, 인내심을 가지고 수학을 한다. 그러나 이 공룡들도 변화가 오고 있음을 느꼈을 것임에 틀림없다.

여러 관점에서 살펴보면 컴퓨터는 고립된 몇몇 수리논리학자(쿠르트 괴델, 알론조 처치, 스티븐 클린, 바클리 로서, 앨런 튜링, 에밀 포스트)가 1930년대와 1940년대 초에 행한 사고思考 실험에서 유래했다. 그늘에 있다가 스포트라이트를 받게 되어 쩔쩔매던 고대 알고리즘의 개념이나 효과적인 절차는 갑자기 엄밀한 정의가 필요한 것처럼 보였다. 비형식적인 개념은 완전히 자명하다. 알고리즘이란 일련의 규칙, 가이드, 사용설명서, 명령이 결합된 것이고 일을 수행하는 방법이고 혼란스러운 인생을 기호로 다루는 도구이다. 조종사의 점검 목록(보조날개-확인, 방향키 안정 장치-확인, 입 냄새 제거제-확인)은 알고리즘을 구현한 것이다. 마찬가지로 코네티컷 대학에서의 성희롱 고발에 요구되는 단계(남자를 찾아라-확인, 그 남자를 고발하라-확인)도, 장의사가 염두에 두어야 할 목록(추모의 베개-확인, 영원의 슬리퍼-확인)도 알고리즘을 구현한 것이다. 초등 수학은 일련의 기본적인 알고리즘을 구현한다. 초등 수학은 다른 방식으로는 가르칠 수 없다. 27을 35에 더할 때 고차원적 함수는 필요 없다. 판에 박은 일을 기계적으로 하기만 하면 된다. '암산으로 7 더하기 5를 하라. 1을 받아 올려라. 암산으로 2 더하기 3을 하라. 잊지 말고 받아 올라온 1을 더하라. 다 됐다. 담배나 한 대 더 피우지 않겠나?' 알고리즘의 개념을 자의식의 수준으로 끌어올리려 애쓰는 논리학자에게는 그토록 명백한 인생의 어떤 특징이 몇 세기 동안 눈에 띄지 않았다는 사실을 처음으로 인식한 것처럼 보였음에 틀림없다.

그러나 개개의 예들은 알고리즘이 무엇인지 암시할 뿐이고, 알고리즘을 정의할 수 있는 방법을 암시하지는 않는다.

1931년 쿠르트 괴델은 논리학자들에게 원시 귀납함수를 소개했다. 이것은, 후속자 함수가 수 n을 후속자 $S(n)$에로 보내고 그다음에 $S(n)$을 '그' 후속자 $S(S(n))$에로 보낼 때처럼, 입력을 출력으로 가지고 간 다음에 그 출력을 입력으로 다루는 수 함수이다. 그러므로 원시 귀납함수는 자신의 꼬리를 삼켜서, 거짓말 같지만, 결과적으로 더 커지는 뱀과 같다. 그렇지만 후속자 연산은 두 수 a와 b의 합을 정의하는 데 충분하다. b가 1이라면 $a+b$는 a의 후속자와 같다. 과연 그렇다. b가 1이 아니라면 $a+b$는 $a+c$의 후속자이고, 이때 b는 c의 후속자이다. 또 과연 그렇다.

괴델이 자신의 결과를 소개하고 나서 몇 년 뒤 미국의 논리학자 알론조 처치는 자신의 이른바 람다 계산 가능 함수를 정의했다. 그 뒤로 귀납함수와 람다 계산 가능 함수는 매우 다른 것인데도 대체로 같은 일을, 같은 방식으로 수행했다.

1936년 앨런 튜링은 계산 가능성에 관한 자신의 첫 번째 논문 「계산 가능한 수에 대한 연구 및 결정 문제에의 응용On Computable Numbers with an Application to the *Entscheidungsproblem*」을 발표하여 알고리즘의 개념에 생생하고도 잊을 수 없는 은유를 부여했다. 유효한 계산은 몹시 간단한 가상 기계나 '인간' 컴퓨터(모든 인식력을 잃고 그 결과로 몇몇 원시적 행동만 할 수 있는 자동차 부서의 경리나 대학 학장 같은 사람을 말한다)로 수행할 수 있는 '모든' 계산이라고 튜링은 주장했다.

튜링 기계는 셀들로 나누어진 테이프와 읽기 헤드로 구성된다. 이 테이프는 유한하기는 하지만 두 방향으로 모두 확장될 수 있다. 읽기 헤드는, 그 이름이 암시하는 것처럼, 유한한 기호의 집합(대부분의 경우에 0과 1)을 인식하고 조작하도록 설계되었다. 읽기 헤드는 최초의 셀에서부터 한 번에 한 셀씩 테이프 왼쪽 또는 오른쪽으로 이동할 수 있고, 테이프에 기호를 적거나 자신이 스캔한 기호를 지울 수 있다. 어떤 주어진 순간에 읽기 헤드는 여러 내부 상태 중 하나를 차지할 수 있다. 이 상태들 또한 유한하고, 읽기 헤드의 여러 가지 내부 구성에 불특정한 방식으로 대응한다. 따라서 튜링 기계가 수행하는 것은 어떤 순간의 입력의 함수일 뿐만 아니라 어떤 순간의 현재 상태의 함수이다.

이 정도면 거의 충분하다. 튜링 기계는 결정 도구이고, 보통 기계와 마찬가지로 꼭 해야만 하는 일을 한다. 그럼에도 튜링 기계는 꽤나 놀랄 정도로 다양한 지적 임무를 수행할 수 있다. 더하기가 한 가지 예이다. 논리

상태와 기호	읽기 헤드
상태 1, 기호 1	오른쪽으로 움직이고, 상태 1에 머무른다
상태 1, 읽음	1을 프린트 하고, 상태 2로 간다
상태 2, 기호 1	오른쪽으로 움직이고, 상태 1에 머무른다
상태 2, 읽음	왼쪽으로 움직이고, 상태 3으로 간다
상태 3, 기호 1	1을 지우고, 상태 3에 머무른다
상태 3, 읽음	왼쪽으로 움직이고, 상태 4로 간다
상태 4, 기호 1	1을 지우고, 상태 4에 머무른다
상태 4, 읽음	왼쪽으로 움직이고, 상태 5로 간다
상태 5, 기호 1	왼쪽으로 움직이고, 상태 5에 머무른다
상태 5, 읽음	'정지'

두 수를 더할 수 있는 다섯 상태 튜링 기계

그림 10.1

학자는 기호를 정교하게 조작함으로써 거의 아무것도 없는 곳에서 계산 도구를 만들어 낼 수 있기 때문이다.

'정교한 조작'은 다음과 같다. 기계의 유일한 기호는 1이다. 기계는 임의의 자연수 n을 1의 연속체인 $n+1$의 문자열로 나타낸다. 따라서 0은 1이고, 1은 11이고, $n+m$은 $(n+m)+1$이다. 위의 열 줄 코드는 이 기계가 임의의 자연수 두 개를 더하는 데 충분함을 보여 준다.

'어떤' 자연수 두 개라도 말이다(그림 10.1).

튜링 기계가 있다면 수학적 함수는 계산될 수 있다고 논리학자들은 말한다. 1930년대 말 알론조 처치와 스티븐 클린은 귀납함수, 람다 계산 가능 함수, 튜링 계산 가능 함수가 같은 것임을 증명하고, 알고리즘의 비형식적 개념을 정확히 설명했다. 괴델이 말한 것처럼 알고리즘의 정의에는 예기치 못한 성질이 하나 있다. 그것은 형식화의 어떤 체계에도 의존하지 않는다는 점에서 매우 안정적이라는 것이다. 논리학자들이 어디서 알고리즘의 정의를 내리기 시작하든 간에 끝나는 곳은 늘 같다. 괴델은 이것을 기적 같은 것으로 여겼다.

사실 그것은 기적이다.

우아함과 명확함 덕분에 튜링 기계의 항으로 알고리즘을 정의하는 것이 표준이 되었다. 산술의 일반적 조작은 모두 튜링 기계로 계산될 수 있다. 대부분의 효율적인 알고리즘도 마찬가지이다. 그래서 처치는 튜링 기계의 개념이 유효한 계산의 개념을 완전히 흡수하므로 어떠한 알고리즘도 튜링 기계로 실행할 수 있다고 주장했다. 이 주장은 처치의 명제로 알려져 있다. 이 명제가 주창된 지 70년 뒤에 이것은 추측에서부터 설득력 있는 정의로, 자연법칙으로, 현대 사상의 움직일 수 없는 사실로 점점 나아갔다.

알고리즘은 서양 과학의 위대한 두 개념 중에서 두 번째 것이다. 첫 번째는 미적분이다. 이것은 이미 앞에서 지적했지만, 너무 중요하여 한 번 더 주의를 환기하고 싶다. 위대한 개념이란 과거를 돌아보았을 때 그 개념이 없었더라면 세상이 완전히 달라졌을 것이라는 의미에서 위대한 것을 말한다. 정확히 정의된 논리적 개념으로서의 알고리즘이 출현했기 때문에 디지털 컴퓨터가 출현해야 한다는 법은 없을지도 모른다. 그러나 디

220

지털 컴퓨터는 알고리즘 덕분에 실현될 수 있었다. 이것은 사상사에서 아이디어가 구체적 물질로 실증된 멋진 예이다.

수학에서의 위대한 변화 또는 모든 것을 변하게 할지도 모를 단 하나의 변화는 어디에 있는가? 몇몇 수학자는 컴퓨터를 이용해서 몇 가지 추측을 증명했다. 가장 유명한 예는 4색 문제이다. 1852년 프랜시스 거스리 Francis Guthrie가 처음 제기하고 이어 1978년 아서 케일리Arthur Caley가 다시 제기한 4색 문제는 어떤 지도라도 네 가지 색으로 인접 지역을 모두 다른 색깔이 되도록 칠할 수 있느냐는 문제이다. 4색 문제의 답은('예스'이다) 1976년 케네스 아펠Kenneth Appel과 볼프강 하켄Wolfgang Haken이 이를 증명하고 나서야 받아들여졌다. 두 사람의 증명은 수천 가지의 개별적인 기하학적 경우를 검증하는 것을 필요로 했는데, 아펠과 하켄은 컴퓨터가 이것을 성공적으로 해내었다고 단언했다.

수학자와 철학자는 아펠과 하켄의 연구 결과에 떨떠름한 반응을 보였다. 업적은 업적이었지만, 두 사람의 연구 결과는 지적 우아함으로 보기 힘들었다. 컴퓨터에서 수천 가지 특별한 경우를 보이는 그런 식의 증명은 그 경우가 무엇이든 간에, 그 컴퓨터가 무엇이든 간에 우아하지 못하다. 아펠과 하켄이 그랬던 것처럼, 컴퓨터에 '의존하는' 것은 어떤 표지판은 6번가를 가리키지만 다른 표지판은 다만 아메리카 도로라는 사실을 지적할 뿐이라는 것을 알자마자 꼼짝달싹 못하게 되는, 성실하기는 하나 기지가 부족한 배달부에게 귀중품을 배달시키는 것과 비슷하다. 배달부가 헷갈릴 수 있다면 컴퓨터라고 그러지 말라는 법이 없다. 컴퓨터도 잘못되면 제멋대로 루프를 돌게 만들 수도 있고, 무언가를 누락시킬 수도 있고, 엉뚱한 방향으로 진행시킬 수도 있다. 그럼에도 어떤 수학자도 아펠과 하켄의 증명이 모든 계산을 손으로 했을 때보다 덜 정확하다고 하지는 않았다. 이런 계산은 고역이고, 이런 계산을 하는 데는 수학자들이 컴퓨터보다 못함은 분명하다(실제로 죽 늘어선 수들을 더하는 데는 독일의 채소 장수만도 못한 수학자가 많다). 그렇지만 증명 방법이 좀 석연치 않다는 불편한 감정을 떨칠 수 없다.

그러나 지금까지 아무도 그 이유를 대지는 못했다.

브누아 만델브로Benoit Mandelbrot(필자와는 먼 친척뻘)는 컴퓨터를 이용하여 얼마나 아름다운 그림을 그릴 수 있는지를 보여 줌으로써 보통 사람을 몹시 행복하게 해 준 수학자이다. 그가 고안한 이미지는 없는 데가 없고 어딜 가나 만델브로 집합이라고 알려져 있다. 이 집합은 복소평면에 색을 할당할 수 있는 컴퓨터 프로그램과 귀납적 반복을 이용하여 만든 것이다. 과정은 매우 간단하다. 특별한 복소수 c가 처음에 선택되면 복소함수 $f(z) = z^2 + c$가 도입된다. 이 함수는 수학자, 궁극적으로는 컴퓨터에게 어떤 복소수 z를 택하고, 그것을 제곱한 후 c를 덧붙이라고 지시한다. z가 0이면 $f(0) = c$임은 말할 것도 없다. 그다음에는, 여전히 $z = 0$을 고정한 채, f는 자신에게 적용되어 $c^2 + c$가 된다. 이런 식으로 결국은 c, $c^2 + c$, $(c^2 + c)^2 + c$,⋯라는 수열이 생성된다.

그림은 이런 방식을 바탕으로 색깔 부여 알고리즘을 이용하여 생성되는데, 그 알고리즘은 어떤 사실에 기초를 두고 있다.

'그 사실부터 다루어 보자.' 어떤 c가 선택되면 그 결과로 생기는 수열은

그림 10.2

일정 범위를 벗어나지 않는다. 이 수열은 복소평면의 어떤 지역(예를 들어 원점이 0인 원)을 벗어나지 않는다. z가 0에 고정된 채로 있다면 발산하지 않는 수열을 생성하는 두 선택은 $c = -1$과 $c = i$이다. 여기서 i는 5장에서 다룬 허수이다. 발산되는 수열을 생성시키는 c의 선택은 그런 결과를 주지 않을 것같이 보이는 $c = 1$인데, 이것은 어떤 범위라도 벗어나서 미지의 부분으로 달아나는 수열을 생성한다. '다음으로 색깔 부여 알고리즘을 다루어 보자.' c의 여러 가지 선택과 그 선택이 생성시키는 수열을 검증해서 알고리즘은 발산하지 않는 수열을 생성시키는 c의 선택에 어떤 색을 할당하고, 발산하는 수열을 생성시키는 c의 선택에는 다른 색을 할당한다. 그 결과가 만델브로 집합이다(그림 10.2).

이런 집합이 하나가 아니고 수천 개 있다. 각 집합은 낯익고도 혼란스럽고 또 아름다운 경치를 보여 준다. 새로운 경치와 함께 새로운 문제도 제

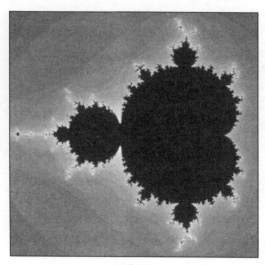

그림 10.3

기된다. 예를 들면 이런 경치가 '자기유사성이 있다'는 기이한 사실은 무엇에 기초를 두는가? 만델브로 집합을 확대하면 이 집합이 일련의 기본적인 실재를 나타내지 않고 그 대신 전체 경치가 지닌 본질적인 특징을 더 작은 규모로 전부 재생하고 있음을 알 수 있다. 다시 말해 만델브로 집합을 보면(그림 10.3) 전체와 부분 사이의 구별이 급격히 해체되어 전체가 각 부분 속에 있고 각 부분이 전체 속에 있으며 이것이 컴퓨터가 갈 수 있는 바닥까지 끝없이 반복됨을 알 수 있다. 만델브로 집합은 대단히 복잡한 것처럼 보일 것이다.

그렇기는 하지만 만델브로 집합은 간단히 만들 수 있는 것이기도 하다. 이것은 흥미로운 판단 문제를 불러일으킨다. 복잡성을 평가하는 일은 누가 하는가? 알고리즘인가, 사람의 속이는 눈인가?

만델브로 집합이 알고리즘에서 생겨났지만 알고리즘의 지배를 전혀 받

224

지 않는다는 사실은 더욱 기이하다. 만델브로 집합은, 논리학자들이 오랫동안 그럴지도 모른다고 생각한 것처럼 귀납적이다. 원소를 하나씩 셀 수 있는 알고리즘이 있다면 그 집합은 귀납적 가산집합이다. 짝수의 집합이 그 한 예이다. 어떤 집합이 귀납적 가산집합이고, 그 여집합도 귀납적 가산집합이면 귀납집합이라 부른다. 짝수는 또한 귀납집합이다. 다시 말해 귀납적 가산집합이고, 또 귀납집합이다. 알고리즘이 그 여집합인 홀수들을 셀 수 있기 때문이다. 발산하지 않는 수열을 생성시키는 만델브로 집합의 수들 c는 귀납적으로 셀 수 있다. '발산하는' 수열을 생성시키는 수는 그렇지 않다. 어떤 보증도 없고, 컴퓨터는 신중하게 꾸물대느라 영원히 어떤 결론도 내리지 못할 것이다.

이 아름다운 그림은 복잡한 것에서 간단한 것에로 끝없이 하강한다. 귀납집합이 아닌 집합, '이것은' 우리의 집단 경험에서 분명히 새로운 어떤 것이다.

그렇지 않은가?

다른 곳에서는 수학의 실생활이 계속되고 있고, 어렵고 몹시 힘든 분야들(해석학, 대수기하학, 에르고딕 이론, 확률론, 유한단순군 이론, 편미분방정식, 대수위상기하학, 조합론)이 어떤 통일된 프로그램도 아우를 수 없게 가차 없이 퍼져 나가고 있다. 사상思想의 대성당은 이제 매우 높이 올라갔으나 여러 개의 으리으리한 뾰족탑이 구름을 뚫고 치솟아 있어 전혀 조화를 이루지 못하고 있다. 로버트 랭글랜즈 같은 수학자들이 여러 건축가에게 지시하고 있다. 반면에 지하실은 끊임없이 수리 중이거나 침수된다. 지저분한 옷을 걸치고 침침한 불빛에 문신을 드러낸 일꾼들이 옹벽을 새로 쌓거나 5킬로그램이나 되는 자루를 어깨에 얹고 운반한다. 성벽 위든 지하실이든 아무도 자기가 하고 있는 일에 대해 확신하지 못한다. 게다가 몇몇은 아예 자기가 무슨 일을 하는지, 하지 않는지조차 확신하지 못한다.

그렇지만 현대 수학의 대부분은 지금까지의 수학과 본질적으로 동일하다. 현대 수학은 영원히 낡았으면서도 영원히 새로운 예술 양식이다. 미적분은 도입된 지 300년이 넘었다. 그러나 카르탕E. Cartan 같은 수학자는 순진한 눈으로 미적분을 보고 외부 미분형식 이론을 만들어 냈고, 거기서 아무도 본 적이 없는 것을 보았다. 새로운 분야가 생겨났고, 수학자의 기술을 완전히 넘어서 있는 것처럼 보였던 인간 생활의 부분들이 수학 레퍼토리의 일부가 된다. 1948년 클로드 섀넌Claude Shannon은 현대 정보이론을 만들었다. 섀넌은 수학자들이 늘 하던 일을 하고 있었는데, 그것은 낯익은 개념의 일상 얼굴 너머에서 수학적 뼈대를 감지하는 것이었다. 수학이란 다양체는 불안정하다. 오랫동안 무명 교수의 분야이었던 하잘것없는 주제가 갑자기 매우 중요한 것처럼 보인다. 여러 해 전에 대수학을 공부할 때 필자는 미분대수학을 다룬 지도교수의 논문을 우연히 본 적 있다. 그것은 그의 필생의 작품이었고, 처음 들어보는 주제였다. 속표지로 미루어 보건대 도서관에서 그 논문을 찾아본 사람은 없었다. 몇 년 뒤 미분대수학은 크게 유행했고, 다시 몇 년 뒤에는 다른 유행에 묻혔다. 어떤 때는 매우 뛰어난 수학자조차 이런 일을 반대로 하기도 한다. 사무엘 아일렌베르크Samuel Eilenberg는 자동기계 이론에 관한 자신의 생각을 논문에 적어 두려 했을 때 가장 정교한 대수학 도구를 동원했다. 그러나 책이 출간되었을 무렵에는 너무 늦었다. 그가 타려던 호화선이 그를 놓아두고 떠났던 것이다.

교수들은 비 오는 아침에 무거운 발걸음으로 출근하여 수업을 한다. 분필이 끽끽대는 소리가 들린다. 책은 펼쳐져 있고, 학생들은 필기한다. 문제가 제기되고, 때때로 해결된다. 명확할 때도 있고, 헷갈릴 때도 있다. 수학의 인생 너머의 인생이 계속된다.

정식으로 쓰는 책이건 이미 쓰인 책에 낙서하는 것이건 간에 우리가 말할 수 있는 것은 낡은 것도 한때는 모두 새로운 것이었고 새로운 것도 언젠가는 낡게 된다는 것뿐이다.

누구나 느끼면서도 무어라고 꼬집어 말할 수 없는 이 설렘은 어떻게 될지 기다리며 지켜보는 수밖에 없다.

과연 그래야만 하리라.

옮긴이의 말

"자연은 수학이라는 언어로 쓰였다"는 갈릴레이의 말을 빌리지 않더라도 수학이 자연과학에서 가장 중요한 기초 학문임은 말할 것도 없다. 그렇지만 보통 사람들에게는 수학이 이해하기 쉽지 않다는 것 또한 사실이다. 수학이라면 고개를 절레절레 흔드는 사람을 주위에서 쉽게 볼 수 있지 않은가? 왜 보통 사람들은 수학에 쉽게 접근하지 못할까? 수학이 보통 사람들의 감각적 경험을 초월한 세계를 다루는 학문이어서 직관이 뛰어난 소수의 사람만이 신이 즐겨 쓰는 이 언어를 이해할 수 있기 때문에 그럴지도 모른다. 수학 공부하면서 많이 그려본 좌표계와 많이 써 본 미적분 기호는 도대체 누가 고안한 것일까? 비유클리드 기하학은 무엇이고, 공간이 휘었다는 말은 무슨 뜻일까?

이 책은 수학사의 흐름을 바꾸어 놓은 주요 이론 열 개를 선택하여 기본 개념을 알기 쉽게 소개하고, 이런 개념들이 완성되기까지 얽힌 이야기와 이런 이론을 개척한 수학자들의 생애를 흥미진진하게 설명한다. 복잡한 공식이 거의 없고 비유를 들어 개념을 알기 쉽게 설명하는 점이 돋보이는 만큼 수학이라면 고개를 흔드는 사람이나, 관심 있으면서도 어려워서 엄두를 못 내는 사람들에게 더할 나위 없이 좋은 안내서 구실을 해 주리라고 생각한다.

수數가 만물의 근원이라고 한 피타고라스. 피타고라스는 어떤 방법으로 그 유명한 정리를 증명했을까? 피타고라스와 그의 제자들은 수가 자연의 비밀을 푸는 열쇠라고 굳게 믿고 수의 본질을 열심히 탐구했다. 수가 만물의 근원이라니? 얼른 이해되지 않을 것이다. 그러나 이 책을 읽어 보면 피타고라스의 직관이 얼마나 뛰어난지 알 수 있다.

저자는 피타고라스학파의 독특한 생활 방식을 보여 주고, 피타고라스 정리의 증명 방법과 자연수에 얽힌 이야기를 재미있게 설명하고, 자연수로 나타낼 수 없는 무리수를 처음 발견했을 때 당혹해하던 모습을 일화와 함께 생생히 설명한다. 또한 피타고라스와 그의 제자들이 강조한 수가 현대에 이르기까지 수학 문제 해결에 어떤 영감을 불어넣었는지 잘 보여 준다.

기하학에는 왕도가 없다고 한 유클리드. 성경 다음으로 많이 읽힌 책이 유클리드의 『원론』이라 하는데 정작 이 책을 본 사람은 왜 별로 없을까? 유클리드는 저 유명한 공리, 공통개념, 정의, 그리고 독특한 증명 방법을 사용하여 2,000년 넘게 최고의 기하학 교과서로 군림한 불후의 명저를 남겼다. 그렇지만 중고등학교에서 기하학을 배우면서도 유클리드의 『원론』을 배우고 있다는 것을 아는 사람이 드물다는 것은 아이러니가 아닐 수 없다.

칼 같은 문장. 군더더기 하나 없는 표현. 아름다운 체계. 아마 이 『원론』만큼 지적 거장들에게 영감을 많이 불어넣은 책도 없을 것이다. 역자는 대학에 다닐 때 영어로 된 『원론』을 도서관에서 빌려 3분의 1쯤 읽고(나머지는 어려워서 읽지 못했다) 기하학 시간에 배운 내용이 거의 다 이 책에 들어 있음을 알고 깜짝 놀란 적이 있다. 얼마나 큰 감동을 받았는지 덕분에 『원론』의 체계를 본 딴 스피노자의 『에티카』도 읽었고, 언젠가는 이런 체계의 책을 써 보리라 생각하기도 했다. 저자는 『원론』의 정의, 공리, 공통개념, 증명 방법을 자세히 소개한 뒤 아쉽게도 이 견고한 건축물 한 곳에 금이 가 있고 벌레 한 마리가 도사리고 있음을 지적한다. 바로 그 유명한 평행선 공리이다.

"나는 생각한다. 그러므로 나는 존재한다"는 말로 유명한 데카르트. 데카르트는 무슨 생각을 하다가 좌표계를 고안했을까? 좌표계가 없고 직선과 포물선만 있다고 생각해 보라. 저자는 데카르트를 지도 제작자에 비유한다. 데카르트가 제작한 새로운 세계지도는 유클리드 평면에 새겨진 정신적 지도였고, 두 직선으로 평면을 나눈 교차점을 원점으로 한 지도였다. 데카르트 좌표계 덕분에 어떠한 평면상의 점도 두 개의 수로 나타낼 수 있게 되었고, 직선과 포물선도 생명을 부여받게 되었다.

서구 과학의 중요한 두 개념 중 하나이자 물리학의 기초인 미적분을 발견한 뉴턴과 라이프니츠. 날렵한 동작으로 점프하여 공중에서 한두 바퀴 돌고 사뿐히 착지하는 발레리나의 순간 속도를 알 수 없을까? 코끼리 우리를 줄이고 줄여 개미보다 더 작게 만든다면 이론적으로는 얼마만큼 작게 만들 수 있을까? 미적분(미분은 글자 그대로 아주 작게 나눈다는 뜻이고, 적분은 그 반대로 작게 나눈 것을 쌓는다는 뜻이다)은 연속적인 변화를 다루는 이론이다. 사상사에 일대 전환을 가져온 미적분 이론을 거의 비슷한 시기에 뉴턴과 라이프니츠가 독자적으로 확립했다는 사실은 흥미롭다. 뉴턴은 순간 속도 개념으로, 라이프니츠는 곡률 개념으로 접근하여 같은 결론에 이르렀다.

저자는 우아하게 솟구치는 발레리나와 무한히 작아지는 코끼리 우리를 비유로 들어 두 사람의 이론을 자세히 소개하고, 누가 먼저 미적분을 발견했느냐는 논쟁을 둘러싼 두 사람의 반목을 재미있게 설명한다.

2,000년 넘게 쟁쟁한 수학자들을 괴롭혀 온 평행선 공리 문제를 해결한 로바체프스키와 리만. 주어진 직선 밖의 점을 지나면서 이 직선에 평행한 선은 몇 개일까? 보통 사람의 감각적 경험으로 보면 당연히 한 개뿐이다. 유클리드의 평행선 공리는 그런 직선이 하나밖에 없다고 선언했다. 그러나 수학적 직관력이 뛰어난 사람들은 당연한 것 같은 이 문제에 의문을 품고 오랜 세월 동안 씨름했다.

드디어 이 문제는 로바체프스키, 리만에 이르러 비유클리드 기하학을 탄생시키고, 이어서 아인슈타인의 공간론을 탄생시켰다. 이들은 주어진 직선 밖의 점을 지나면서 이 직선에 평행한 선은 무수히 많을 수도 있고, 하나도 없을 수도 있음을 알아냈다. 주어진 직선 밖의 점을 지나면서 이 직선에 평행한 선이 무수히 많다니? 주어진 직선 밖의 점을 지나면서 이 직선에 평행한 선이 하나도 없다니? 상식적으로는 이해하기 힘들다. 이제 보통 사람이 감각적 경험으로 이해할 수 있는 평평한 공간 외에 물체가 휘어짐으로써 뒤집어 보이기도 하고 거꾸로 보이기도 하는 별난 공간이 등장한다. 저자는 달팽이를 비유로 들어 비유클리드 기하학을 알기 쉽게 설명하고, 비유클리드 기하학이 유클리드 기하학과 모순되지 않음을 보여 준다.

수학의 흐름을 바꾸어 놓은 집합론의 창시자 칸토어. 과연 자연수는 짝수의 두 배만큼 많을까? 칸토어의 집합론은 수학을 집합론 이전과 이후로 나눌 만큼 획기적인 이론이었다. 결과적으로 칸토어가 고안한 언어는 100년 넘게 전 세계 수학의 표준 언어가 되었고 지금은 수학 교과서의 정리, 증명, 정의가 모두 칸토어가 창안한 개념으로 설명되어 있지만, 칸토어가 동료와 세인들의 몰이해 속에 정신병원 신세를 졌음은 아이러니이다.

특히 칸토어가 무한의 개념을 일변시킨 것은 유명하다. 상식적으로 보면 자연수의 크기는 짝수의 크기보다 크다. 그러나 칸토어는 집합 개념을 이용하여 이들을 일대일로 대응시킴으로써 자연수의 집합이 짝수의 집합보다 크지 않음을 증명했다. 자연수의 크기가 짝수의 크기보다 크지 않고, 같다니? 이 얼마나 놀라운 발견인가? 저자는 키위를 예로 들어 집합의 개념을 알기 쉽게 설명한다.

불완전성정리로 기존 수학체계를 완전히 뒤엎은 괴델. 증명할 수 없는 것을 증명하다니? 러셀과 화이트헤드는 『수학 원리』를 써서 수학의 원리가 순수 논리학의 원리에서 도출될 수 있음을 증명하여 수학을 논리적으로 완벽한 토대 위에 두려고 했다. 두 사람은 1 더하기 1이 2라는 극히 당연한 것을 증명하는 데 300쪽 이상이 필요했다. 그러나 괴델은 40쪽밖에 되지 않는 논문으로 『수학 원리』의 체계가 불완전함을 증명하여 고대 이래로 수학자에게는 없어서는 안 될 도구이자 영예의 상징이던 증명 방법 자체를 흔들어 놓았다.

저자는 영화감독을 비유로 들어 어렵기 짝이 없는 불완전성정리를 설명하고, 증명 불가능한 것을 증명하여 증명 방법을 동시에 그리고 단번에 지지하면서 파괴한 불완전성정리가 하나의 '정리'에 지나지 않음을 지적한다.

이 책은 이밖에도 복소수, 군 이론, 현대수학을 다룬다. 확률론이 빠져 아쉽기도 하고 상식적으로 쉽게 이해되지 않는 내용도 있으나 지적 호기심을 충족하기에 충분하리라 본다. 나름대로 번역한다고 했으나 저자에게 누를 끼치지 않았는지, 독자에게 해를 끼치지나 않을지 걱정을 떨칠 수 없다. 독자들이 수학의 기본 개념과 천재 수학자들의 이면을 이해하여 수학에 조금이라도 더 가까이 다가갈 수 있기를 바라고, 개인적으로는 딸아이에게 작은 선물이 되기를 바란다. 책이 나오기까지 여러모로 애써 주신 을유문화사 여러분께도 감사드린다.

김하락

찾아보기